Técnicas de conversación telefónica

Gaspar González Mangas
Mª. Carmen Marcos de la Losa

edelsa

GRUPO DIDASCALIA, S.A.
Plaza Ciudad de Salta, 3 - 28043 MADRID - (ESPAÑA)
TEL.: (34) 914.165.511 - FAX: (34) 914.165.411

Dirección y coordinación editorial: Departamento de Edición de Edelsa.

Diseño de cubierta: Departamento de Imagen de Edelsa.
Maquetación: Departamento de Imagen de Edelsa (Casos Prácticos,
Transcripciones y Claves) y Crisol, S.L. (Introducción, Proyectos).
Ilustraciones: Antonio Martín.
Fotografía de portada: Brotons.
Filmación: Crisol, S.L.
Imprenta: Pimakius.
Encuadernación: Perellón.

Primera edición: 1998
Primera reimpresión: 1999
Segunda reimpresión: 2000

I.S.B.N.:84.7711-184-7
Depósito legal: M-44889-2000

Índice

Prólogo

Este libro nace con la intención de ser una ayuda para todas aquellas personas que deban utilizar la lengua española para desempeñar su labor profesional a través de un medio tan difícil e impersonal como es el teléfono, tanto en calidad de receptores/as como de emisores/as de llamadas.

Tiene tres partes bien diferenciadas: una *Introducción*, cuatro *Casos Prácticos* y tres *Proyectos*.

En la **Introducción**, a través de ejercicios variados, se pretende familiarizar al lector/-a con la terminología propia de este medio (servicios, marcado...) y enseñarle a utilizar las técnicas básicas (tratamiento, deletreo...).

En los cuatro **Casos Prácticos** se hace un recorrido por todos los componentes de esta forma de comunicación:

CASO 1: Los elementos básicos de una llamada *(saludo, identificación, distribución y despedida)*.

CASO 2: La delicada tarea de atender y desviar las llamadas o de conseguir ser atendido/a *(excusarse, proponer alternativas, dejar constancia de la llamada)*.

CASO 3: La necesidad de confirmar que hemos comprendido o han comprendido el mensaje que se pretendía transmitir *(reformulación de mensajes)*. Igualmente, cómo vencer las dificultades, tanto técnicas como humanas, que se presentan *(interferencias, afonías, equivocaciones...)*.

CASO 4: La organización de la agenda a través del teléfono *(solicitar, conceder, denegar, aplazar, cancelar o confirmar una cita)*.

Dada la necesidad de racionalizar todos los procesos y fases de la comunicación telefónica, así como de «automatizar» el empleo de las expresiones que la conforman, debido a la brevedad, espontaneidad e imprevisibilidad de este tipo de comunicación, en cada caso práctico hemos comenzado con un **esquema** (racionalización) de los actos que lo componen, continuando con unas **actividades** que nos aportan todo un conjunto de expresiones estandarizadas.

Como en la comunicación telefónica profesional se ha de dominar tanto la *comprensión auditiva* (comprender lo que nos dicen) como la *expresión oral* (saber transmitir lo que queremos decir), dado que se establece una relación directa con el/la interlocutor/-a exenta de apoyo visual y gestual, la primera parte de los casos prácticos (**Preparación para la carpeta de prácticas**) se basa en actividades que desarrollan la capacidad de comprensión auditiva *(grabaciones)* y la segunda parte (**Carpeta de prácticas**) afianza la expresión oral (tareas que simulan situaciones breves y reales, generalmente realizadas por parejas, en las que se intercambia el papel de emisor/-a y receptor/-a).

También se incorpora, en la sección de Preparación para la carpeta de prácticas, un apartado **sociocultural** que consta de un ejercicio auditivo sobre conocimientos profesionales, otro sobre expresiones en sus tres registros (incorrectas, informales y formales) y un tercero de práctica profesional avanzada (situaciones especiales: discriminar tratamientos, citas de ventas...).

Como apéndice de los casos prácticos está la **Carpeta de gramática**, que propone ejercicios gramaticales avanzados que inciden en algún aspecto del tema y aportan expresiones para ese caso o para los proyectos *(Condicional de cortesía, Estilo indirecto, Leísmo-laísmo-loísmo, Subjuntivo con oraciones de deseo, de tiempo...)*, y las **Notas**, recopilación de expresiones aparecidas a lo largo del caso.

En los tres **Proyectos**, una vez racionalizados todos los actos de la comunicación telefónica, y automatizadas la expresiones más comunes, se plantean proyectos o tareas más globales que desarrollan las situaciones profesionales más habituales:

PROYECTO 1: La organización de los viajes o reuniones de negocios *(desplazamientos, alojamientos, reservas, comidas, espectáculos)*.

PROYECTO 2: La solicitud de información fuera de la empresa y la realización de operaciones comerciales *(eventos, actividades culturales y lúdicas, pedidos y venta telefónica)*.

PROYECTO 3: La problemática de la atención de las objeciones, quejas y reclamaciones de nuestros clientes, o cómo saber conservar un cliente.

Y para terminar, por último, recordar el principio básico de la comunicación telefónica: "Sea amable, utilice la sonrisa telefónica".

Agradecimientos:
A Román y Consuelo, mis padres, por todas vuestras llamadas desde el cielo y la tierra. (Gaspar)
A mis hermanas Isabel, Angelita y Marie. (Carmen)

Introducción

Mundo profesional

¡HAY QUE SABER!

1. EL TRATAMIENTO:

 A. Escuche en la cinta las siguientes FÓRMULAS de

SALUDO	Y	DESPEDIDA

¿Diga?/¿Dígame?		Hasta luego.
¿Sí?		Adiós, buenos días/tardes.
¡Hola!		Chao.
Bueno.		Bye.

 B. Identifique en las frases de la grabación que va a oír a continuación, atendiendo al tono y al tratamiento, con cuál de estas personas está hablando:

PERSONA	FRASES					
	1	2	3	4	5	6
Director/-a General						
Agencia de viajes						
Compañero/a de trabajo						

2. Con el siguiente alfabeto telefónico:

A	Antonio	**H**	Historia	**Ñ**	Ñoño	**U**	Úrsula
B	Barcelona	**I**	Inés	**O**	Oviedo	**V**	Valencia
C	Carmen	**J**	José	**P**	París	**W**	Washington
D	Domingo	**K**	Kilo	**Q**	Queso	**X**	Xilofón
E	España	**L**	Lorenzo	**R**	Roma	**Y**	Yegua
F	Francia	**M**	Madrid	**S**	Sevilla	**Z**	Zaragoza
G	Gerardo	**N**	Navarra	**T**	Toledo		

A. Deletree los nombres de algunas de las provincias españolas del cuadro de prefijos de la pág. 8, así como los nombres propios y apellidos indicados a continuación:

- Plácido Domingo
- Montserrat Caballé
- Federico García Lorca
- Rafael Alberti

- Pedro Almodóvar
- Antonio Banderas
- Miguel Indurain
- Lola Flores

Introducción

COMUNICACIONES NACIONALES:

$\mathcal{M}$ **983**   **+**   **88 12 88**

Tono de línea   Prefijo de Provincia   Sin espera   Número del abonado

Prefijos PROVINCIALES

Álava	**945**	La Rioja	**941**
Albacete	**967**	Las Palmas	**928**
Alicante	**96**	León	**987**
Almería	**950**	Lérida	**973**
Asturias	**985**	Lugo	**982**
Ávila	**920**	Madrid	**91**
Badajoz	**924**	Málaga	**952**
Baleares	**971**	Melilla	**952**
Barcelona	**93**	Murcia	**968**
Burgos	**947**	Navarra	**948**
Cáceres	**927**	Orense	**988**
Cádiz	**956**	Palencia	**979**
Cantabria	**942**	Pontevedra	**986**
Castellón de la Plana	**964**	Salamanca	**923**
Ceuta	**956**	Sta. Cruz de Tenerife	**922**
Ciudad Real	**926**	Segovia	**921**
Córdoba	**957**	Sevilla	**95**
Cuenca	**969**	Soria	**975**
Gerona	**972**	Tarragona	**977**
Granada	**958**	Teruel	**978**
Guadalajara	**949**	Toledo	**925**
Guipúzcoa	**943**	Valencia	**96**
Huelva	**959**	Valladolid	**983**
Huesca	**974**	Vizcaya	**94**
Jaén	**953**	Zamora	**980**
La Coruña	**981**	Zaragoza	**976**

COMUNICACIONES INTERNACIONALES:

/\/\/\	07	≈	+ 33	+ 68	+ 333 33 33
Tono de línea	Acceso a la Central Internacional	Segundo tono	Indicativo del País	Indicativo de Provincia	Número del abonado

• Indicativo de España para llamar desde el extranjero: 34
• Indicativos Provinciales para llamar desde el extranjero:

– Prefijos provinciales de 3 cifras: 2 últimas (Zaragoza -976- = **76**)
– Prefijos provinciales de 2 cifras: Última cifra (Madrid -91- = **1**)

 B. Tome nota de las palabras que se deletrean en la grabación (deletreo por letras y por sílabas). Deletréelas a continuación usted:

- Deletreo por letras: ....
....

- Deletreo por sílabas: ....
....

3. A continuación tiene unas pautas para dar números de teléfono:

• De izquierda a derecha:
  • De cifra en cifra: →1 →2 →3 →4 →5 →6 →7
  • De dos en dos cifras (números pares): →12 →34 →56
  • Primera cifra y el resto de dos en dos (números impares):
    →1 →23 →45 →67

 **Escuche en las grabaciones los siguientes ejemplos y después léalos usted mismo/a.**

• Oficina de Turismo de Salamanca   923-218342
• Indicativo Francia/Limoux   07-33 68...
• Aeropuerto Madrid-Barajas   91-3936000
• Embajada Española en Bonn   07-49-228-217094
• Estación de Atocha   91-5066846
• Aeropuerto de Barcelona   93-2983838
• Ayuntamiento de Sevilla   95-4590600
• Hospital Psiquiátrico   5867500
• Ministerio de Educación   4114017
• Discoteca La Pasión   5972586
• Horóscopo semanal   906303078
• Embajada de España en Buenos Aires   54-8026031

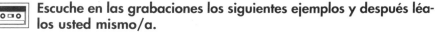

4 Relacione las dos columnas, identificando la función, servicio o prestación de cada una de las características de los modernos aparatos telefónicos.

1	Coste de la llamada en tiempo real	A	Permite mantener una conversación sin descolgar el teléfono.
2	Llamada directa a extensión	B	Permite conectarse a un PC o a una impresora.
3	Identificación de llamadas	C	Permite saber el coste de la llamada que se está realizando.
4	Pantalla alfanumérica	D	Permite conversar alternativamente con dos conexiones.
5	Función manos libres	E	Permite utilizar su teléfono móvil como si estuviera en su país de origen.
6	Rellamada de los últimos números marcados	F	Permite enviar la llamada a otro número de teléfono previamente seleccionado.
7	Adaptador de terminal	G	Permite el envío de órdenes de trabajo, pedidos, direcciones de entrega, a través de mensajes de un número limitado de caracteres, utilizando los teléfonos móviles.
8	Comunicación alternativa	H	Permite controlar a las personas que utilizan el teléfono por medio de claves de acceso.
9	Desvío de llamada	I	Permite visualizar el número de teléfono del/de la interlocutor/-a antes de descolgar.
10	Candado electrónico	J	Permite el marcado automático de los últimos números si comunicaba o no había respuesta.
11	Servicio de mensajería	K	Permite visualizar mensajes, número del/de la interlocutor/-a, número marcado o números memorizados.
12	Servicio de itinerancia	L	Permite acceder desde el exterior a cualquier extensión.

1. .... 4. .... 7. .... 10. ....
2. .... 5. .... 8. .... 11. ....
3. .... 6. .... 9. .... 12. ....

5. Haga una frase con cada una de las palabras o expresiones siguientes:

• Centralita ....
....

• Fuera de cobertura ....
....

• Estar comunicando ....
....

• Abonado/a...
....

• Telefonista ....
....

• Extensión..
....

• Establecer conexión ....
....

• Llamada retenida...
....

• Interlocutor/-a ....
....

• Descolgar el teléfono...
....

• Marcado automático..
....

• Interferencias..
....

6. Después de escuchar las conversaciones de la grabación, determine cuáles de estos servicios se han utilizado y escriba a qué diálogo corresponde cada uno:

1. Conferencia a cobro revertido: Con cargo al/a la cliente/a de destino, con conformidad de éste/a.
....

2. Conferencia con cargo a terceras personas: Con cargo a una tercera persona, con conformidad de ésta.
....

3. Conferencias personales: Comunicar con una persona determinada en el teléfono de destino.
....

4. Conferencia con hora predefinida: Se establece a la hora que Ud. fije dentro del mismo día.

Busque tres situaciones en las que utilizaría cada uno de los servicios anteriores. Haga la solicitud al/a la operador/-a.

7. Terminología relacionada con las comunicaciones telefónicas.

ESPAÑA	VARIANTE HISPANOAMÉRICA
abonado/a	usuario/a
buzón de voz	buzón de voz
centralita	conmutador
cobro por pasos	—
cobro revertido	llamar por cobrar
conferencia	conferencia
contestador automático	contestadora
descolgar	descolgar
desvío de llamada	enrutar
estar comunicando	estar ocupado
extensión	—
fuera de cobertura	—
interferencias	—
locutorio	—
marcar	discar
números novecientos	números ochocientos
ocupado	—
prefijo	lada
revisión de tarifas	—
telefonía móvil	teléfono celular
contestar a una llamada	reportar
cabina	caseta
páginas amarillas	páginas doradas

conversación telefónica

1

caso práctico

☎

elementos básicos de una llamada

- *Identificarse y saludar.*
- *Indicar el motivo de la llamada.*
- *Pasar la llamada.*
- *Despedirse.*

Mundo profesional

Analice, basándose en su experiencia, el esquema propuesto para los elementos básicos de una llamada:

1. Secuencia de los actos.
2. ¿Qué actos considera imprescindibles y cuáles secundarios u ocasionales?
3. Con sus conocimientos actuales, indique cómo resolvería cada uno de los apartados de los actos. *Ej.: Acto 3, apdo. a) "¿Puede esperar, por favor...?".*

esquema

ELEMENTOS BÁSICOS DE UNA LLAMADA	
ACTOS	
Recibir	**1. Recepción de la llamada:** a) Identificación de la empresa y de la persona que llama. b) Saludo. c) Fórmula de acogida.
Identificar	**2. Identificación de la llamada:** a) Identificación del/de la interlocutor/-a solicitado/a. b) Identificación del motivo u objeto de la llamada.
Distribuir	**3. Distribución de la llamada:** a) Solicitud de espera. b) Localización del/de la interlocutor/-a. c) Comunicación de autor/-a y objeto de la llamada.
Pasar	**4. Paso de la llamada:** a) Retomar la llamada con el/la emisor/-a. b) Pasar la llamada. c) Despedirse.

modelo

– Grupo Alfa, buenos días.
– Buenos días. Deseo hablar con la Srta. Rodríguez, del Departamento de Contabilidad. ¿Sería tan amable de pasarme con ella?
– ¿De parte de quién, por favor?
– Soy Román Álvarez, Director Financiero de Iberimagen.
– ¿Podría indicarme el motivo de su llamada?
– Sí, es en relación a un presupuesto que nos había solicitado.
– Espere un instante, por favor.

...

¿Srta. Rodríguez?
– Sí, dígame.
– El Sr. Álvarez, de Iberimagen, desea hablar con Ud. a propósito de un presupuesto que había solicitado.
– De acuerdo, gracias, póngame con él.
– Sr. Álvarez, le pongo con la Srta. Rodríguez.
– Gracias.

En las siguientes grabaciones encontrará todos los recursos que deberá utilizar en la sección CARPETA DE PRÁCTICAS.

1. Escuche atentamente y extraiga las expresiones utilizadas para cada acto comunicativo.

ACTOS	Grabación 1 (Modelo)	Grabación 2	Grabación 3
RECEPCIÓN DE LA LLAMADA			
IDENTIFICACIÓN			
DISTRIBUCIÓN			
PASO			

2. De las frases de la grabación, determine cuáles corresponden al saludo, a la despedida, a la identificación o a la finalidad de la llamada.

SALUDO ....

DESPEDIDA ....

IDENTIFICACIÓN ....

FINALIDAD ....

3. Tras escuchar la grabación, ponga en orden las palabras de las frases siguientes.

a) La se a pasarle operadora de la comunicación llamada motivo al opuso negarse identificarse a indicarle el su y a.

....

....

b) El le dijeran con él interlocutor pidió que que contactara.

....

....

c) La solicitar secretaria de la al cliente que Sra. Bellido intentó esperara un localizar a la telefonista, tras momento.

....

....

d) Su le ninguna que comunicó que no llamada y ya había recibido secretario, había efectuado las que le encargó.

....

....

e) Cuando colgado ya descolgaron habían el teléfono. No llamada atender la pudieron.

....

....

1. Tras escuchar las indicaciones de la grabación, responda a estas preguntas:

a) ¿Por qué es necesario identificar la empresa al atender una llamada?

....

b) ¿Para qué se debe anotar el nombre del/de la interlocutor/-a?

....

c) ¿Cuándo no se debe pasar una llamada?

....

2. Después de oír la grabación, relacione las expresiones de la columna 2 con sus equivalentes de las columnas 1 y 3:

1. INCORRECTAS	2. INFORMALES	3. FORMALES
a) Usted dirá...	1.	I. Permanezca a la escucha, por favor...
b) Que se ponga...	2.	II. Le pongo con el Sr./la Sra. ...
c) ¿Quién es usted?	3.	III. ¿Qué desea, por favor?
d) Espere un rato.	4.	IV. ¿Sería posible hablar con el Sr./la Sra. ... ahora?
e) Hable cuando quiera.	5.	V. ¿De parte de quién, por favor?

....

....

Dentro de la actividad comercial, en muchas ocasiones tenemos únicamente el nombre de la empresa, desconociendo quién es la persona responsable y el departamento al que debemos dirigirnos. En este caso identificaremos al/a la interlocutor/-a, o al departamento, indicando el asunto que se va a exponer o a tratar:

	indicarme	quién es la persona responsable de (departamento / área)?
	decirme	a quién debo dirigirme para (este asunto / tema)?
¿Podría		con quién debo hablar sobre (este asunto / tema)?
	facilitarme	el nombre de la persona responsable de (departamento / área)?

---

3. En la parte de la conversación que se transcribe aquí, están las frases correspondientes a la operadora de la empresa Costasol. Ud. quiere saber el nombre de la persona responsable de compras de dicha empresa, para remitirle información personalizada por correo sobre la oferta de lanzamiento de uno de sus productos. (Empresa: Toldos Marbella. Producto: Parasoles.) Complete la conversación con sus propias palabras.

❖ Costasol. Buenas tardes.

◆ ....

❖ Envíelo a la atención del Departamento de Compras, por favor.

◆ ....

❖ Sí, remítalo a la atención de la Sra. Elvira González Rodríguez, Directora de Compras.

◆ ....

❖ Tome nota: Calle Argentales, número 16. Código Postal 2-8-0-0-7 de Madrid.

◆ ....

❖ Gracias a Uds. por su llamada. Buenas tardes.

A continuación, escuche la grabación y compare las conversaciones.

16

carpeta

 Como auxiliar del Sr. Pedrero, responsable de seguridad de la empresa Seguriges, recibe la llamada de la Srta. Victoria, de Industrias Vallisoletanas.

1. Reciba la llamada: identifique a la empresa, salude y utilice una de las fórmulas de acogida.
2. Invite a la identificación.
3. Pregunte el objeto de la llamada.
4. Dé curso a la llamada:
   – Solicite espera.
   – Comunique la interlocutora y el motivo de la llamada.
5. Pase la llamada:
   – Retome el contacto inicial.
   – Establezca el contacto y despídase.

 Su jefa (Sra. Rojo) le indica la persona con quien desea hablar (Industrias Oliva - Sr. Torres - Valencia).

1. Localice al señor Torres.
2. El señor Torres no se encuentra en la empresa: comuníqueselo a su jefa.
3. Su jefa le indica que vuelva a llamar y le deje un mensaje a su secretaria para que se ponga en contacto con ella lo antes posible.
4. Deje el mensaje a la secretaria del señor Torres.

de prácticas

A primera hora de la mañana encuentra la siguiente nota de su secretario: *"Ha llamado el Sr. Calle, del Banco de Crédito. Desea que Ud. le llame. No ha informado del motivo, únicamente ha dicho que es urgente. Espera su llamada a primera hora de la mañana. Su teléfono es el 386 43 56, extensión 476."*

1. Llame. Pregunte por el Sr. Calle. Dé el número de la extensión.
2. Comunique la recepción del mensaje.
3. Pregunte el motivo de su llamada.

Natalia Cano es la responsable de ventas a empresas de una compañía de teléfonos móviles. Ramón García es un compañero de su departamento, responsable de la venta a usuarios directos. La operadora le pasa una llamada. Simule una conversación con el siguiente esquema:

1. El usuario/a realiza una llamada para informarse sobre un teléfono GSM.
2. La operadora atiende la llamada.
3. La operadora le pasa con Ramón García.
4. Ramón García pregunta si desea hacer una compra individual o de empresa. Pasa la llamada a Natalia Cano.
5. Natalia Cano atiende al/a la usuario/a y le pregunta su nombre, así como el nombre, dirección y teléfono de la compañía, para hacerles una visita.

carpeta

 Se encuentra de viaje en París. Desea hacer una llamada a cobro revertido a su empresa.

1. Ud. expresa su deseo de poner una conferencia a cobro revertido a su empresa.
2. La telefonista solicita su identificación y la de la empresa, así como su localización y número de teléfono.
3. Tras varios intentos, le comunica que la línea está ocupada.
4. Ud. le indica que desea una conferencia con hora predefinida.

 Es representante comercial de la firma Babel. Llama a su empresa para comunicar a su Jefe de Ventas que deberá permanecer una semana más en Amsterdam. Está en el hotel y no puede hacer llamadas directas desde su habitación.

1. Llame a recepción e indique la intención de llamar a Zaragoza.
2. El operador le comunica que, a partir de las 8 de la tarde, existe una tarifa reducida para llamadas internacionales.
3. Indique que necesita llamar antes de esa hora.
4. El operador le pasa la llamada.
5. La secretaria del Jefe de Ventas le comunica que no se encuentra en la empresa.
6. Deje el mensaje a la secretaria.

 Está en su puesto de trabajo y recibe una llamada.

1. El/la interlocutor/-a desea hablar con una persona que pertenece a otro departamento.
2. Le indica el error.
3. El/la interlocutor/-a pregunta la extensión correcta del departamento.
4. Se ofrece a pasarle personalmente la llamada.
5. El/la interlocutor/-a se lo agradece.

de prácticas

de gramática

 LEÍSMO, LAÍSMO, LOÍSMO

carpeta

LEÍSMO (LE/S ➤ LO/S o LA/S)

Cuando el Objeto Directo se refiere a una/s persona/s, usar el pronombre LE/S en lugar del pronombre complemento O.D. LO/S o LA/S.

LAÍSMO (LA, LAS ➤ LE/S)

Cuando el Objeto Indirecto se refiere a una/s persona/s femenina/s, usar el pronombre LA/S.

LOÍSMO (LO/S ➤ LE/S)

Cuando el Objeto Indirecto se refiere a una/s persona/s, usar el pronombre LO/S en lugar del pronombre complemento O.I. LE/S.

 Señale los casos de leísmo, laísmo y loísmo que haya en las frases siguientes relacionadas con el tema y escriba la forma correcta.

1. Quisiera remitirla a Ud. la información sobre ....
....
2. ¿Desea que la pase? (Señora Ramírez.)...
3. La escucho perfectamente, Srta. Luisa. ....
4. ¿Puede atenderla Ud., por favor? ....
5. ¿En qué puedo serlo útil? ....
6. Lo paso con la secretaria del Sr. Álvarez. ....
7. Deseo haberla aclarado las dudas. ....
8. Gracias por haberlo utilizado. (El servicio de información.) ....
....
9. El informe le necesito para mañana. ....
10. Indíquela el error que ha cometido. ....
11. Comuníquela que está despedida. ....
12. Solicítala el nombre de su empresa. ....
13. Luis la ha preguntado a María a qué hora era la reunión. ....
....
14. Lo hemos llamado y comunica. ....
15. La han indicado que vuelva a llamar. ....
16. Se le han dado. (El informe.) ....
17. Envíele a la atención del Departamento de Compras. (El presupuesto.)
....
18. Su nombre me le ha facilitado su secretaria. ....
19. Compárelo con la grabación. ....
20. Confirmársele a lo largo de la mañana. (El vuelo.)...........................
....

Indique el uso correcto en cada frase de las preposiciones POR y PARA.

1. Seleccionar una agencia **por /para** su precisión y puntualidad.

2. Preparar horarios **por /para** la ida y la vuelta.

3. Servicios de ocio **por /para** estancias largas.

4. Tiene un programa apretado **por /para** la próxima semana.

5. Congreso organizado **por /para** la Compañía Liberia.

6. Junta General Extraordinaria convocada **por /para** el Presidente.

7. Se aplaza la cena de ejecutivos **por /para** la próxima semana.

8. Le quedan muchas habitaciones **por /para** ocupar.

9. Siempre se ha dicho que **por /para** tren rápido el AVE.

10. No te preocupes, irán **por /para** ti al aeropuerto.

11. **Por /Para** lo que veo, no habríamos perdido nada si no hubiéramos venido.

12. La importancia de esta reunión es reconocida **por /para** todo el mundo.

13. **Por /Para** la mayoría de los asistentes, ha sido un espectáculo maravilloso.

14. Las flores son **por /para** la habitación número 345.

15. Esta bailarina es magnífica, va **por /para** figura.

16. He dejado aparcado el coche **por /para** los alrededores.

17. La Directora hizo su aparición **por /para** la reunión sobre las 12.

18. Ya va **por /para** cinco años que empecé a trabajar como editor en esta empresa.

19. Cuando le comunicaron su ascenso, **por /para** unos segundos no supo reaccionar.

20. Es el nuevo modelo de coche **por /para** el siglo XXI.

21. Nunca entenderé las razones **por /para** las que lo ha hecho.

22. Pidieron la factura **por /para** finales de mes.

23. Solicitaron una confirmación escrita **por /para** parte del hotel.

24. La Sra. García ha dicho que esta tarde no está **por /para** nadie.

25. Estaba impaciente **por /para** saber cuándo le confirmarían los vuelos.

Nota: Estas expresiones pueden serle útiles en el proyecto 1.

A
B
C
D
E
F
G
H
I
J

NOTAS

i

FÓRMULAS DE ACOGIDA
- ¿Dígame?
- ¿Qué desea, por favor?
- Le/La escucho.
- ¿En qué puedo atenderle/a / ayudarle/a?

EXPRESAR EL DESEO DE HABLAR CON ALGUIEN
- Deseo hablar con...
- Quería hablar con...
- ¿Podría ponerme con / pasarme con...?
- Necesito hablar con...

SOLICITAR IDENTIFICACIÓN
- ¿De parte de quién, por favor?
- ¿A quién debo anunciar?
- ¿Quiere indicarme su nombre, por favor?
- ¿Sería tan amable de decirme el nombre de su empresa?

SOLICITAR ESPERA
- Espere un instante, por favor.
- Sí, un momento, por favor.
- No se retire, por favor.
- Permanezca a la escucha, por favor.

DECIR EL MOTIVO DE LA LLAMADA
- para...
- a propósito de...
- con motivo de...
- con vistas a...
- para tratar...
- sobre...
- a fin de...
- referente a...

PREGUNTAR SI PUEDEN ATENDERLE/A
- ¿Podría atenderme ahora?
- ¿Sería tan amable de pasarme con él/ella?
- ¿Está libre en estos momentos?
- ¿Sería posible hablar ahora con él/ella?

conversación telefónica

2

caso práctico

atención y desvío de llamadas

Va a aprender a:

- *Excusarse por la imposibilidad de atender una llamada y comunicar la causa.*
- *Proponer y solicitar alternativas adecuadas.*
- *Dejar constancia de la llamada:*
  - *notas*
  - *transmisión oral*
- *Elaborar y dejar mensajes en contestadores y buzones de voz.*

Mundo profesional

Analice, basándose en su experiencia, el esquema propuesto para la *atención y desvío de llamadas*:

1. Secuencia de los actos.
2. ¿Qué actos considera imprescindibles y cuáles secundarios u ocasionales?
3. Con sus conocimientos actuales, indique cómo resolvería cada uno de los apartados de los actos. *Ej.: Acto 2, apdo. a) "Lo siento, no le localizo...".*

esquema

	ATENCIÓN Y DESVÍO DE LLAMADAS
	ACTOS
Excusarse	**1. Excusarse por la imposibilidad de atender una llamada.**
Comunicar la causa	**2. Notificación de la causa:** a) Localización. b) Ausencia. c) Ocupación.
Proponer alternativas	**3. Proponer (receptor/-a) / Solicitar (emisor/-a) alternativas:** a) Proponer / indicar espera. b) Aconsejar / proponer rellamada. c) Sugerir / solicitar dejar mensaje. d) Plantear / pedir hablar con otro/a interlocutor/-a. e) Indicar / preguntar momento oportuno de la llamada.
Dejar constancia	**4. Dejar constancia de la llamada:** a) Tomar nota de la llamada. b) Comunicar oralmente el mensaje.
Elaborar y dejar mensajes	**5. Mensajes en contestadores y buzones de voz.**

modelo

— ¿Sr. Pedrero?

— Sí, ¿dígame?

— Lo lamento, pero el Sr. Marcos no puede atenderle en estos momentos. Tiene la línea ocupada. ¿Desea esperar unos instantes o prefiere dejar su teléfono y que él le llame?

— No se preocupe, esperaré un instante.

— De acuerdo, le pondré en contacto con el Sr. Marcos en cuanto esté libre la línea.

— Gracias.

En las siguientes grabaciones encontrará todos los recursos que deberá utilizar en la sección CARPETA DE PRÁCTICAS.

1. Escuche atentamente y extraiga las expresiones utilizadas para cada acto comunicativo.

ACTOS	Grabación 1 (Modelo)	Grabación 2	Grabación 3
EXCUSARSE			
COMUNICAR LA CAUSA			
PROPONER ALTERNATIVAS			
DEJAR CONSTANCIA			

2. Deje constancia de los mensajes de la grabación utilizando el siguiente modelo de notas. Basándose en él, comuníquele el mensaje a su destinatario/a por teléfono.

☎ A la atención del Sr. / de la Sra. ....

D/Dª. .... de .... N.º de Teléf. ....

☐ ha telefoneado   ☐ ha venido a visitarle/a   ☐ volverá a llamar

☐ desea que Ud. vaya a verle/a   ☐ desea que Ud. le/la llame   ☐ URGENTE

Ha dejado el siguiente encargo para Ud.

....

Recibido por... Hora .... Fecha ....

3. Escuche las grabaciones y anote las expresiones utilizadas para indicar espera (E) y para pedir disculpas (D):

Ej.: Grabación 1.

– Necesito hablar con el Sr. Vázquez.

– Lo lamento, en estos momentos está en una reunión (D). ¿Le importaría llamar más tarde (E)?

4. De la conversación entre la Srta. Miró y el Sr. Blanco, de la siguiente grabación, extraiga todas las fórmulas interrogativas que se han utilizado para solicitar los datos precisos para tomar nota de un mensaje.

5. Escuche la grabación y luego resuma oralmente el contenido de los mensajes siguientes, utilizando alguna de estas estructuras.

	primera	el Sr./la Sra....
En la	segunda llamada grabada en el contestador,	
	tercera	la empresa...

dice que... / comunica que... / expresa que – su deseo de que – su interés por... / pide que... / solicita que... / indica que los datos – para – sobre...

El Sr./la Sra... de la empresa... ha dejado un mensaje en el contestador
La empresa...
diciendo – en el que dice / comunicando – en el que comunica / expresando – en el que expresa /
pidiendo – en el que pide / solicitando – en el que solicita / indicando – en el que indica

1. Tras escuchar en la grabación las indicaciones, responda a estas preguntas:

a) ¿Por qué es más correcto dar una excusa general a personas ajenas a la empresa?

....

b) ¿Qué es necesario hacer cuando la espera es prolongada?

....

c) ¿Qué datos hemos de dar al dejar un mensaje?

....

2. Después de oír la grabación, relacione las expresiones de la columna 2 con sus equivalentes de las columnas 1 y 3.

1. INCORRECTAS	*2. INFORMALES*	*3. FORMALES*
a) *No tengo ni idea de dónde puede estar.*	1.	I. *Siento mucho que no pueda atenderle, y agradecería le remitiera por fax su información.*
b) *Y, ¿cuándo vuelve? ¿Tendrá para mucho?*	2.	II. *¿Podría decirle que se pusiera en contacto conmigo?*
c) *Creo que se lo he dicho bien claro, no insista más.*	3.	III. *Lo siento, pero hace un instante que se ha marchado.*
d) *Bueno, pues que me llame cuando quiera.*	4.	IV. *¿Podría indicarme en qué fecha regresará?*
e) *¡Qué mala suerte!, se acaba de marchar.*	5.	V. *Soy Helena Yebra. Le agradecería que le indicaran que le he llamado.*
f) *Dígale que le ha llamado Helena.*	6.	VI. *No está localizable en estos momentos.*

....

....

3. Teniendo en cuenta que la información dada ha de ir de lo general a lo concreto, en función de la proximidad profesional de la persona que llama, determine a quién va dirigida cada una de las siguientes respuestas.

INTERLOCUTOR/-A   LLAMADA NÚMERO

• Un/-a superior/-a.   ❏

• Un/-a proveedor/-a habitual.   ❏

• Un/-a cliente/a potencial.   ❏

• Un/-a vendedor/-a.   ❏

• Un/-a colaborador/-a interno/a.   ❏

sociocultural

carpeta

 Imagine que recibe una llamada de una persona que pregunta por una compañera de trabajo (Sra. Ramírez) que no se encuentra en ese momento en su puesto.

1. Comuníquele el hecho.

2. Ofrézcase a intentar localizarla.

3. Indíquele que espere.

4. Retome la llamada.

5. Comuníquele que no le ha sido posible localizarla.

6. Pregúntele si desea dejar algún mensaje.

 Complete este diálogo entre un secretario que tiene orden de no interrumpir la reunión de su jefe, y una persona que desea hablar urgentemente con él e insiste en que se ponga al teléfono.

– Soy Alfonso Garrido, quisiera hablar con el señor Pino.

....

– Ya, pero él me ha dejado un mensaje indicando que me comunique con urgencia con él.

....

– Lo comprendo, y le agradecería que intentara hacerle saber que deseo hablar con él ahora, no tengo inconveniente en esperar su respuesta.

....

– Si no puede interrumpir la reunión, ¿puede hacerle llegar el mensaje por escrito?

....

– ¿Durará aún mucho la reunión?

....

– Le agradezco su ofrecimiento. Confío en que se lo transmita nada más acabar la reunión.

....

– Gracias, buenas tardes.

de prácticas

- está comiendo,
- ha salido a visitar a un cliente,
- está cansada y no quiere que nadie la moleste,
- está reunida con el equipo de ventas,
- está en una Feria de Ganado en Asturias,
- está de vacaciones,
- está en la empresa, pero fuera de su despacho.

Ud. tiene que:

1. comunicárselo al/a la interlocutor/-a;
2. si es adecuado, ofrecerle la posibilidad de esperar;
3. indicarle cuándo podría volver a llamar;
4. proponerle
    - dejar un mensaje,
    - pasarle/a con otra persona competente,
    - avisarle/a en cuanto sea posible.

 Ud. llama a la Sra. Ventura. Le responde su secretaria y le indica que está reunida. Le ofrece o usted le propone alguna de las siguientes alternativas:

- que ella le/la llame al trabajo,
- que ella le/la llame por la noche al domicilio,
- que usted llamará más tarde,
- que usted la llamará a su domicilio,
- que le indiquen que usted tiene un asunto urgente que comunicarle.

La Sra. Llorente quiere reunirse en el aeropuerto con una amiga que está de paso en la ciudad sólo durante unas horas. No quiere que nadie lo sepa. Escenifique el diálogo que se produciría entre su secretaria y:

- el Director General, que quiere verla urgentemente;
- su marido, que quiere comunicarle que su hijo está enfermo;
- el Departamento de Contabilidad de un proveedor. Quieren cobrar una factura.

 Elabore y grabe mensajes que sirvan de cabecera en contestadores automáticos personales o de empresa, con estas finalidades:

1. Indicar que la empresa permanecerá cerrada en agosto por vacaciones.
2. Comunicar que hoy es día festivo en la ciudad.
3. Notificar el cambio de número de teléfono por traslado.
4. Anunciar la ocupación momentánea de las líneas, invitando a esperar.

 Elabore y grabe los mensajes que dejaría en un contestador automático para:

1. comunicar el cambio de fecha de una reunión;
2. notificar que no ha podido asistir a una cita;
3. informar de su llegada a la ciudad (datos exactos). Pedir que le/la recojan;
4. dejar el aviso al/a la electricista para que se pase urgentemente;
5. pedir que se pongan en contacto con usted (lugar / horario / número de teléfono.)

 de gramática

 Comunicar la finalidad, objeto o motivo de algo: USO DEL SUBJUNTIVO.

Las oraciones introducidas por:
- A FIN DE QUE
- CON EL FIN DE QUE
- CON LA FINALIDAD DE QUE
- AL OBJETO DE QUE
- CON EL OBJETO DE QUE
- CON VISTAS A (QUE)
- CON LA INTENCIÓN DE QUE
- PARA QUE,

siempre van con verbos en subjuntivo.

 Conjugue los verbos que están entre paréntesis:

1. Le llamo con la intención de que me (conceder - Ud.) una entrevista.
2. Le ruego se lo anote para que no lo (olvidar - Ud.).
3. Desean que vayamos a verlos con la intención de que (observar - nosotros) el fallo.
4. Os estamos llamando con el objeto de que nos (explicar - vosotros) los resultados.
5. Necesita indicarle el prefijo a fin de (poder - él) comunicarse con Valladolid.
6. Te paso con él, para que se lo (decir - tú) personalmente.
7. La llamada a nuestros clientes es con vistas a que (conocer - ellos) el nuevo producto.
8. Le dejé un mensaje con la intención de que me (contestar - él).
9. La han llamado para que (comentar - ella) la reunión de ayer tarde.
10. Nos comunicó con mucha antelación la fecha de la reunión, con el objeto de que no (faltar - nosotros) ninguno.
11. Coménteles que he llegado bien, con el fin de que (estar - ellos) tranquilos.
12. Se lo digo con la intención de que no (volver - Ud.) a llamar hasta que no regrese.
13. Esperaremos con la intención de que nos (recibir - ellos).
14. Ha llamado el Consejero Delegado a fin de que le (llevar - Ud.) a su despacho el contrato.
15. Le dejó su número para que (poder - ella) llamarla.

carpeta

Indicar el momento en que se realiza una acción.

Si la acción expresada por la oración subordinada se realiza en el futuro, respecto al presente o a un momento del pasado, se emplea asimismo el modo subjuntivo, como es el caso de las oraciones introducidas por:

- CUANDO
- APENAS
- A MEDIDA QUE
- UNA VEZ QUE
- TAN PRONTO (COMO)
- HASTA QUE
- EN CUANTO
- EN TANTO QUE
- SIEMPRE QUE
- ...

Ponga en indicativo o en subjuntivo los verbos entre paréntesis de las siguientes frases:

1. Le llamaré cuando (terminar) de hablar.
   ....

2. Esperaré hasta que (poder) recibirme.
   ....

3. Dijo que volvería tan pronto como le (ser) posible.
   ....

4. Me prometió que me llamaría apenas (recibir) mi informe.
   ....

5. Se marchó justo cuando (sonar) su llamada.
   ....

6. Se lo digo siempre que me (ser) posible.
   ....

7. Avísame tan pronto como (llegar) a Caracas.
   ....

8. Nos veremos una vez que (leer) el informe.
   ....

9. Sabía que me iba a decir que no estaba, en cuanto (saber) quién era.
   ....

10. En tanto que no se (identificar), no me pase ninguna llamada.
    ....

11. En cuanto (terminar) la reunión, abandonó la sala.
    ....

12. Todas las líneas están ocupadas, le atenderemos en cuanto (poder).
    ....

DISCULPAR(SE)
- Le ruego (que) me disculpe / excuse…
- Lo siento…
- Lo lamento…

COMUNICAR QUE LA PERSONA NO ESTÁ LOCALIZADA
- El Sr./La Sra. … no se encuentra en su despacho.
- No está localizado/a en estos momentos.
- En este instante no le/lo/la localizo.

COMUNICAR QUE ESTÁ AUSENTE
- No se encuentra aquí en estos momentos.
- Se encuentra ausente por una semana.
- Ha partido de viaje y no volverá hasta…
- Ha salido a una reunión / entrevista…

COMUNICAR QUE ESTÁ OCUPADA
- No puede atenderle/a en estos momentos.
- Está muy ocupado/a y siente no poder atenderle/a.
- Está reunido/a.
- En estos momentos tiene la línea ocupada.
- Está atendiendo a un/-a cliente/a y no podemos interrumpirle/a.

PROPONER ALTERNATIVAS
Receptor/-a:
- ¿Desea esperar unos instantes, o prefiere…
  – volver a llamar con posterioridad?,
  – que le/la avise cuando esté localizado/a?,
  – dejar algún recado / mensaje?,
  – dejar su número de teléfono para que se ponga en contacto con Ud.?,
  – que le/la pase con alguna otra persona?,
  – que le diga que ha llamado / que le/la llame?
- Llame dentro de unos días / la próxima semana / a partir del día…
Emisor/-a:
- No, gracias, prefiero volver a llamar.
- ¿Podría dejarle mi número de teléfono y que me llame cuando le/la localicen?
- ¿Podría pasarme con su secretario/a / alguno/a de sus colaboradores/as / alguien de su departamento?
- ¿Puede decirle que:
  – le/lo/la he llamado?,
  – se ponga en contacto conmigo?,
  – me llame a lo largo de la mañana?
- ¿Puedo dejarle un mensaje?
- ¿Sobre qué fecha regresará?

conversación telefónica

3

caso práctico

dificultades de comunicación

Mundo profesional

Analice, basándose en su experiencia, el esquema propuesto para la resolución de las *dificultades de comunicación:*

1. Secuencia de los actos.
2. ¿Qué actos considera imprescindibles y cuáles secundarios u ocasionales?
3. Con sus conocimientos actuales, indique cómo resolvería cada uno de los apartados de los actos. Ej.: Acto 4, apdo. a) "Disculpe, ¿podría hablar un poco más alto, por favor?".

esquema

DIFICULTADES DE COMUNICACIÓN	
ACTOS	
Comunicar	**1. Pedir excusas y comunicar el hecho.**
Dificultades de comprensión	**2. No haber comprendido el mensaje:** a) Solicitar repetición.

Reformulación del mensaje	**3. Dudar de haber comprendido:**
	a) Reformular el mensaje:
	   1. Invitar a repetir o resumir el mensaje.
	   2. Transmitir nuestra interpretación del mensaje.
	b) Confirmar el mensaje.

Dificultades humanas	**4. Problemas de voz, volumen o ritmo:** a) Solicitar un acto que dé solución a la dificultad. b) Confirmar eliminación de la dificultad.
Dificultades técnicas	**5. Problemas de línea: corte, ruidos e interferencias:** a) Solicitar rellamada.

modelos

A

...

— Perdone, no he entendido bien, ¿podría deletrearme el nombre del hotel donde se celebrará la entrevista?
— *Por supuesto, tome nota: Hotel P-I-R-Á-M-I-D-E-S.*
— Disculpe, tampoco estoy segura de haber anotado bien la hora prevista de inicio de la reunión, ¿era a las 8:30 de la mañana, no?
— *Efectivamente, a las 8:30 de la mañana. Y le rogaría que le comentara la necesidad de traer asesores especializados.*
— De acuerdo, le comunicaré que es en el Hotel Pirámides, a las 8:30 de la mañana, acompañado de asesores.
— *Correcto. Muchas gracias.*

B

...

— Perdone, pero existen unos ruidos que me hacen imposible entenderle. ¿Podría volver a efectuar la llamada?
— *Sí, por supuesto... (...) ¿Ahora me oye mejor?*
— Sí, aunque su voz se sigue oyendo muy lejos, por lo que le rogaría que elevara el tono.
— *Perfecto, pero no comprendo muy bien su idioma, ¿podría hablar un poco más despacio, por favor?*

En las siguientes grabaciones encontrará todos los recursos que deberá utilizar en la sección CARPETA DE PRÁCTICAS.

1. Escuche atentamente y conteste a las siguientes preguntas:

a) ¿Qué problemas de comunicación existen?

Grabación 1 (Modelo A): ....

Grabación 2 (Modelo B): ....

Grabación 3: ....

Grabación 4: ....

b) ¿Con qué expresiones se manifiesta la situación o se solicita una solución al problema?

1. ....

2. ....

3. ....

4. ....

c) ¿Mediante qué recursos se da solución al problema?

1. ....

2. ....

3. ....

4. ....

2. De las grabaciones siguientes, extraiga las expresiones que se utilizan para:

Comprobar que nos han comprendido ....
....

Comprobar que hemos comprendido ....
....

Confirmar que se ha comprendido ....
....

A continuación, puede añadir otras que conozca.

3. En esta grabación se han cruzado tres llamadas telefónicas. Identifique cada una de ellas, indicando interlocutores/as, asunto de la llamada y manifestación de dificultades:

a) ....

b) ....

c) ....

sociocultural

1. Tras escuchar las indicaciones de la grabación, responda a estas preguntas:

a) ¿Cuáles son las dos formas más habituales de reformular un mensaje?

....
....

b) ¿Qué dos errores hay que evitar al pedir disculpas por una dificultad de carácter personal?

....
....

c) ¿De qué tenemos que tener certeza absoluta al finalizar una comunicación telefónica?

....
....

2. Después de oír la grabación, relacione las expresiones de la columna 2 con sus equivalentes de las columnas 1 y 3.

1. INCORRECTAS	2. INFORMALES	3. FORMALES
a) ¡Dios mío, qué malita estoy!	1.	I. Lo siento, ¿ahora me comprende mejor?
b) Habla Ud. muy deprisa. No hay quien le entienda.	2.	II. ¿Qué quiere decir exactamente con...?
c) ¿Qué, así ya me oye usted mejor?	3.	III. Si tiene dificultades en entenderme, le ruego me lo comunique.
d) Repítamelo, pero más claro.	4.	IV. ¿Podría deletrearme su nombre, por favor?
e) ¡Qué nombre más extraño!, ¿cómo dice que se llama?	5.	V. Perdone, ¿podría hablar más despacio, por favor?

....
....
....
....
....
....

3. Busque las expresiones que considere más adecuadas para comunicar las siguientes situaciones:

– Dificultades de salud (tos, afonía, hipo…).
– Hechos inesperados (caída del teléfono, portazo, ruido de ambiente…).

....
....
....
....
....
....

Actividades para realizar en parejas, alternando los roles emisor/-a - receptor/-a

Cree un diálogo entre la Sra. Bermúdez y su secretario. Llama desde la cafetería del aeropuerto para saber si tiene algún mensaje urgente en su oficina.

Secretario:
- Manifiesta la existencia de mucho ruido de fondo.
- Solicita que hable más alto.
- Comunica que el Director la espera a las 13:00 horas en su despacho.
- Indica que su amiga María quiere que la llame con urgencia a su domicilio.
- Propone que vuelva a llamar desde otro lugar.

Sra. Bermúdez:
- Pide que no le hable tan alto.
- Reformula la información que le transmite: hora, personas y lugares.
- Indica que volverá a llamar.

Resuelva la siguiente situación:

a) Llamar al Sr. Arrigoechea.
b) Marcado erróneo.
c) Ofrecer disculpas.

de prácticas

Llama desde su país a Madrid, al Centro de Idiomas Cervantes. No habla muy bien español y desea solicitar información sobre los cursos de Lengua Española.

1. Llama a la secretaría del centro.
2. Indica su problema de idioma.
3. Solicita que hablen más despacio.
4. Pide información sobre las características de los cursos: duración, horas diarias de clase, precios, alojamiento, etc.
5. Pide aclaraciones sobre los horarios del curso.
6. Reformula la información sobre la duración. (Indica repetición.)
7. Reformula las formas de alojamiento. (Recapitula la información que le han dado.)
8. Solicita la dirección del centro y pide que le deletreen el nombre de la calle.
9. Expresa su agradecimiento y se despide.

Ha pasado el fin de semana en la piscina y se ha resfriado. Prepare diálogos en los que se dé una respuesta correcta a los comentarios de cada uno de estos clientes:

- Le comentan que le ha cambiado la voz y no le/la reconocen.
- Le requieren que les pase con otra persona a la que se entienda mejor.
- Le indican que eleve la voz.
- Le sugieren que se vaya a su casa.
- Le piden que se lo repita de nuevo.
- Le solicitan que hable más despacio.

carpeta

Recibe una llamada del Servicio Técnico de Reparación de Ordenadores para detallarle los conceptos del presupuesto que había solicitado. La factura que ellos tienen delante contiene la siguiente información:

- Mano de obra: 2 h 30 minutos   20.000 pts.
- Sustitución de la placa 486 por una Pentium 100 Mhz   30.000 pts.
- Ampliación de memoria RAM a 16 MB   40.000 pts.
- Incorporación de un CD ROM SOUND BLASTER 32   40.000 pts.
- Incorporación de una tarjeta de vídeo SVGA, PCI,
  2 MB, 325 colores   60.000 pts.
- Incorporación de un módem interno de 36.600 baudios 12.000 pts.
- Disco Duro 3 GB   25.000 pts.
- Garantía: 3 años.
- Contactar con: Sr. Arribarrengoechea.
- Horario comercial: 08:00 a 18:00 horas, de lunes a viernes.
- Teléfono: 331 31 31.
- Fax: 131 13 13.

- **EL/LA EMISOR/-A: va indicando los detalles de la factura.**
- **EL/LA RECEPTOR/-A: utiliza todos los recursos (repetición, confirmación, reformulación, deletreo...) que le permitan pasar una nota exacta y comprensible a su jefe/a.**

de gramática

 a SER Y ESTAR

SER	ESTAR
• *Cualidad permanente e innata* Ej.: Su voz siempre ha sido muy agradable.	• *Estado temporal físico o anímico* Ej.: Hoy no estoy para excusas.
• *Origen y procedencia* Ej.: Es una llamada de Berlín.	• *Cualidad transitoria o adquirida gradualmente* Ejs.: Pocos días está tan simpático. Tu hija está muy alta.
• *Tiempo y cantidad* Ejs.: Es un poco tarde para llamarle ahora. No creo que sea demasiado tiempo.	• *Situaciones y lugares provisionales* Ejs.: Ha dicho que estará esperando tu llamada en su oficina. Está de viaje hasta finales de mes.
• *Posesión y pertenencia* Ej.: Este prefijo telefónico es de Valladolid.	• *Tiempo* Ej.: Hay más llamadas cuando estamos en periodo de rebajas.
• *Profesión* Ej.: ¿Cuál me ha dicho que era su profesión?	
• *Lugar (acontecimiento o actividad)* Ej.: La reunión es en su despacho.	
• *Atributo o propiedad* Ej.: Las presentaciones son largas.	

 b Marque la casilla SER o ESTAR, según a cuál corresponda la forma correcta de las siguientes frases:

	SER	ESTAR
1. Si **es/está** tan amable de repetírmelo...	❑	❑
2. Lo más importante **es/está** comprender bien lo que nos quieren transmitir.	❑	❑
3. ¡Qué nombre más extraño **es/está** éste!	❑	❑
4. Perdone, no **soy/estoy** seguro de haberle comprendido.	❑	❑
5. Corríjame si **es/está** necesario.	❑	❑
6. **Es/Está** en el Departamento de Márketing.	❑	❑
7. Quiere decir eso, ¿no **es/está** verdad?	❑	❑
8. Nunca sé si **es/está** de broma o no.	❑	❑
9. Mi recepción **es/está** muy deficiente y me impide escucharla correctamente.	❑	❑
10. ¡No me diga que usted también **es/está** de Tordesillas!	❑	❑
11. Ha dicho que la cita **es/está** a las ocho, ¿verdad?	❑	❑
12. Creo que **es/está** mejor celebrar la reunión en su empresa.	❑	❑
13. ¿**Es/Está** suficiente así de alto?	❑	❑
14. No sabemos a qué hora **será/estará** disponible.	❑	❑

Cuando el verbo de la oración principal manifiesta el DESEO de que se realice la acción expresada en la oración dependiente o subordinada, el verbo de esta va en SUBJUNTIVO.

○ **Espero** que **hayan anotado** correctamente la hora de la reunión.

○ **Quiero** que **tenga** en cuenta sus opiniones.

○ **Deseo** que **no estén equivocados** en sus pronósticos.

(Los hechos a los que se refiere la acción de la subordinada se basan en una necesidad o deseo personal y subjetivo; estos hechos no se han producido o se desconoce su realización.)

 Transforme las siguientes afirmaciones, relacionadas con manifestaciones de acuerdo / desacuerdo - aprobación / desaprobación, siguiendo el modelo:

Ej.: Me inclino a estar de acuerdo con Ud.
    Espero que Ud. esté de acuerdo conmigo.

1. Sé lo que usted quiere decir.
2. Estoy a favor de ello.
3. No estoy para nada de acuerdo.
4. Reconozco que yo estaba equivocado.
5. No me queda otro remedio que darle la razón.
6. Efectivamente, está en lo cierto.
7. Es evidente que sufre usted una confusión.
8. Sabe que no comparto su punto de vista.
9. Estoy muy disgustada con ustedes.
10. Estoy dispuesto a arreglar el asunto como gente civilizada.
11. Bueno, el tema está zanjado.
12. No me parece nada correcto que nos aumenten los impuestos.
13. Es evidente que duda de mi palabra.
14. Sé que eso no es así y que hay una grave confusión.
15. Me consta que han hecho todo lo posible por solucionar el problema.
16. Considero aceptable la propuesta de solución que me propone.
17. No tengo la menor duda de que han intentado engañarme.
18. Estoy dispuesto a retirar mis acusaciones.
19. Sabe muy bien la gravedad de los hechos.
20. Me parece perfecto que me devuelvan mi dinero.

Nota: Estas expresiones pueden serle útiles en la tarea del proyecto 3.

DISCULPARSE POR NO HABER COMPRENDIDO
• Perdone / Disculpe / Lo lamento, pero no lo he comprendido / entendido bien.

SOLICITAR CORTÉSMENTE UNA SOLUCIÓN A SU PROBLEMA
• ¿Tendría la amabilidad de…
• ¿Le importaría…
• ¿Podría hacerme el favor de…
• ¿Sería tan amable de…
   • repetirme de nuevo…
   • deletrearme…
    – su nombre?,
    – el nombre de su empresa?,
    – los nombres de los/las asistentes a…?,
    – el nombre del hotel / restaurante / ciudad?,
    – su número de teléfono?,
    – el teléfono de su empresa?,
    – la extensión del departamento?,
    – su dirección exacta / el nombre y número de la calle?,
    – el código postal?

MANIFESTAR DUDAS Y PEDIR EXPLICACIONES
• No estoy seguro/a de haber comprendido…
• Tengo dudas sobre:
   – la última parte,
   – lo referente a…,
   – lo que ha dicho… acerca de….
• ¿Qué quiere decir exactamente con…?
• ¿Qué entiende Ud. por…?
• ¿Cuando dice… quiere decir…?
• Es esto lo que Ud. quiere decir, ¿no?
• Se lo repito; corríjame si es necesario.
• Es decir, que…
• Si lo he comprendido bien, nos veremos…

CONFIRMAR QUE SE HA COMPRENDIDO
• Sí, le/la he entendido perfectamente.
• De acuerdo, le comunicaré que…
• Efectivamente…

COMUNICAR PROBLEMAS TÉCNICOS Y HUMANOS
• Disculpe,
– se le/la oye muy mal / lejos…,
– apenas le/la oigo…,
– hay ruidos e interferencias…,
– se había cortado / interrumpido la llamada,
– he debido de equivocarme al marcar,
– no comprendo muy bien su idioma.

• ¿Podría
– volver a marcar / realizar la llamada?,
– decirme qué número ha marcado?,
– hablar un poco más alto?,
– hablar más despacio, por favor?

conversación telefónica

4

caso práctico

fijación
de una cita

Va a aprender a:

- *Solicitar una cita.*
- *Concertar una cita: concretar lugar, fecha y hora.*
- *Denegar una cita.*
- *Modificar una cita: aplazar / anular una cita.*
- *Confirmar una cita.*

Mundo profesional

Analice, basándose en su experiencia, el esquema propuesto para la *fijación de una cita*:

1. Secuencia de los actos.
2. ¿Qué actos considera imprescindibles y cuáles secundarios u ocasionales?
3. Con sus conocimientos actuales, indique cómo resolvería cada uno de los apartados de los actos. *Ej.: Acto 2, apdo. b) "Tengo que mirar mi agenda".*

esquema

	FIJACIÓN DE UNA CITA
	ACTOS
Solicitar	**1. Solicitud de una cita:** a) Identificación de la empresa. b) Exposición del motivo de la llamada. c) Formulación de la solicitud.
Conceder, fijar	**2. Concesión de una cita:** a) Aceptación. b) Consulta de disponibilidad. c) Acordar (proponer o solicitar) fecha, hora y lugar.
Denegar	**3. Denegación de una cita:** a) Disculparse y justificar la negativa. b) Ofrecer alternativas.
Modificar	**4. Modificación de una cita:** *Aplazamiento:* a) Comunicar la imposibilidad de asistir. b) Pedir disculpas y justificarse. c) Fijar nueva cita. *Anulación:* a) Comunicar y justificar la anulación. b) Ofrecer alternativas.
Confirmar	**5. Confirmación de una cita:** a) Confirmar detalles de lugar, fecha, asistentes...

modelo

La Sra. Cifuentes desea concertar una cita con el Sr. Coronado, de la Financiera Cibeles, para solicitar información sobre las condiciones de sus créditos hipotecarios. La operadora le pasa con el Sr. Coronado.

— *¿Sr. Coronado?*
— *Sí, ¿en qué puedo servirla?*
— **Le llamo del Departamento Financiero de Construcciones Torrecilla. Tenemos en proyecto la construcción de una nueva urbanización y estamos estudiando las condiciones concedidas por entidades financieras en los créditos hipotecarios. Con el propósito de conocer sus condiciones, quisiéramos concertar una entrevista con usted.**
— *Encantado de poder atenderles. Si me permite consultar la agenda, en un momento se lo confirmo.*
  ...
— *Disculpe. Si a ustedes les parece bien, podríamos convenir una cita para el miércoles de la próxima semana. ¿Sería posible?*
— **El próximo miércoles no puede asistir nuestro Director Financiero, ¿podría ser el jueves, día 17?**
— *De acuerdo. ¿A qué hora les viene bien?*
— **A las 10 de la mañana.**
— *Entonces les espero el próximo jueves, a las 10, en nuestra oficina de la calle Laurel. Pregunten por mí en información y saldré a recibirles.*

En las siguientes grabaciones encontrará todos los recursos que deberá utilizar en la sección CARPETA DE PRÁCTICAS.

1. Escuche atentamente las grabaciones y extraiga las expresiones utilizadas para cada acto comunicativo.

ACTOS	Grabación 1 (Modelo)	Grabación 2	Grabación 3
SOLICITUD DE UNA CITA			
CONCESIÓN			
DENEGACIÓN			
MODIFICACIÓN			
CONFIRMACIÓN			

2. Escuche la grabación y responda a estas preguntas:

a) ¿Quién y con quién solicita una cita?

....

b) ¿Quién establece el contacto con el Sr. Méndez?

....

c) ¿Para qué solicita la entrevista?

....

d) ¿Para cuándo la solicita?

....

e) ¿Por qué no puede atenderla el Sr. Méndez antes de las 11:30 horas?

....

f) ¿Dónde se celebrará la reunión?

....

g) ¿Qué obligaría a aplazar la reunión para el día siguiente?

....

h) ¿Qué expresiones dan a la confirmación de la cita un carácter provisional?

....

3. Escuche la siguiente grabación y a continuación rellene la tabla, indicando de qué verbo es sinónimo cada uno de los mencionados:

Solicitar	Fijar	Conceder	Anular	Aplazar	Confirmar

1. Escuche las indicaciones de la cinta y después responda a estas preguntas:

a) Las expresiones *dar hora* y *solicitar hora*, ¿para qué tipo de citas están reservadas? ....
....

b) ¿Cuál es la idea principal que hay que transmitir al solicitar una cita de carácter comercial?
....

c) ¿Qué dos requisitos son imprescindibles a la hora de anular una cita previamente concertada?
....

d) ¿Cuáles son las tres obligaciones básicas de la persona responsable de una agenda?
....

2. Escuche la grabación y luego relacione las expresiones de la columna 2 con sus equivalentes de las columnas 1 y 3.

1. INCORRECTAS	*2. INFORMALES*	*3. FORMALES*
a) *Quiero que me dé una cita.*	1.	I. *Con el propósito de darle a conocer nuestras condiciones...*
b) *Para venderle nuestro producto.*	2.	II. *¿Sería posible el martes, día 13?*
c) *¿Qué le parece un día de éstos?*	3.	III. *Si lo considera oportuno, ya se pondrá en contacto con usted...*
d) *¡Vaya por Dios! Ese día no puedo.*	4.	IV. *Deseo saber si podría concederme una cita.*
e) *¡No recibe a nadie!*	5.	V. *Preferiría, si le parece bien, que fuera otro día.*

....
....
....

3. Las citas más difíciles de conseguir son las de ventas. El/la secretario/a intenta no otorgar la cita, proponiendo otras alternativas, y el/la comercial debe convencerlo/a para que se la conceda.

Intente conseguir una cita para ofrecer los siguientes productos:

– Seguros de vida para altos ejecutivos/as.
– Consumibles informáticos.
– Productos de publicidad (bolígrafos, calendarios, etc.).

Apóyese en los siguientes argumentos y aporte usted otros:

– Hacer ver que el producto es muy útil y ventajoso, económicamente, para la empresa.
– Resaltar que el producto mejorará la imagen y el prestigio de la empresa.
– Dar facilidades de fecha y lugar de la cita.
– Indicar que en la anterior conversación le dijeron que llamara esta semana.
– Indicar que ya ha remitido información detallada. Preguntar si la han recibido.
– Hacer ver que es un tema muy complejo para explicarlo por teléfono.
– Ofrecerse a desplazarse para hablar personalmente del tema.

carpeta

En el contestador de su casa, Alberto Ruiz encuentra el siguiente mensaje: "Éste es un mensaje de Ediciones Los Alpes para D. Alberto Ruiz. En referencia al proceso de selección en el que Ud. ha participado, tenemos el placer de comunicarle que deberá presentarse en nuestras oficinas el próximo martes, día 19, a las 12 horas, para mantener una entrevista con el Sr. Alfaro. Le rogamos nos confirme su asistencia por teléfono llamando al 444 55 66, extensión 777. Gracias".

Elabore el diálogo correspondiente entre Alberto Ruiz, la secretaria del Sr. Alfaro, y el Sr. Alfaro, al llamar para confirmar su asistencia.

1. Alberto Ruiz pide hablar con el Sr. Alfaro.
2. La secretaria le dice que está comunicando.
3. Alberto Ruiz decide esperar.
4. El Sr. Alfaro deja la línea libre y la secretaria le pasa con él.
5. Alberto Ruiz manifiesta su satisfacción y expone la imposibilidad de estar a las 12 horas, por un asunto inaplazable.
6. El Sr. Alfaro le pregunta su disponibilidad para ese mismo día. Quedan a las 17 horas.
7. Se despiden.

A continuación póngalo en práctica con sus compañeros/as.

Prepare un diálogo en el que deba disculpar a su jefe por no haber asistido a una cita.

1. Pida disculpas.
2. Busque justificaciones creíbles.
3. Intente fijar una nueva fecha.

de prácticas

carpeta

Se produce una huelga de aviones y el Sr. Pérez no podrá asistir a la cita prevista con la Sra. Miranda. Imagine que es usted la secretaria del Sr. Pérez; deberá:

1. entrar en contacto con la Sra. Miranda y comunicarle la imposibilidad de asistir;
2. solicitar un aplazamiento de la cita;
3. fijar una cita (fecha, hora, lugar);
4. comunicar al Sr. Pérez la nueva fecha;
5. confirmar a la Sra. Miranda la aceptación de la nueva fecha.

Elabore el diálogo y luego practíquelo con sus compañeros/as.

   Ordene el diálogo siguiente:

❑ ¿Sra. Carmen Botella?
❑ No se preocupe, ya lo tengo redactado. Gracias por recordármelo.
❑ De acuerdo. Buenos días, Sra. Botella. ¡Hasta esta tarde!
❑ ¿Sí? ¿Dígame?
❑ Un momento, ahora mismo le atiende.
❑ Sí, estoy pendiente de ello. Esta tarde, a las 5, estaré en vuestra sede de la calle Princesa.
❑ Soy Cristina González, secretaria de D. Luis Atienza, de Aceites La Española.
❑ Olivares de Jaén, buenos días.
❑ También me ha indicado D. Luis que no olvide traer el contrato nuevo para poder discutir algunas cláusulas del mismo.
❑ Buenos días. Adiós.
❑ La llamo de Aceites La Española. ¿Puede ponerme con la Sra. Carmen Botella, por favor?
❑ Sí, la escucho.
❑ La llamo para confirmar su asistencia a la cita prevista para esta tarde a las 5 con D. Luis.
❑ ¿A quién debo anunciar, por favor?

Son las 8 de la mañana. La Sra. Sánchez llama desde su domicilio para que le confirmen las citas del día. Basándose en las notas de la agenda:

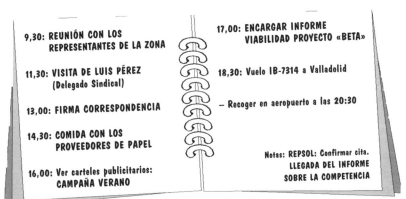

9,30: REUNIÓN CON LOS REPRESENTANTES DE LA ZONA

11,30: VISITA DE LUIS PÉREZ (Delegado Sindical)

13,00: FIRMA CORRESPONDENCIA

14,30: COMIDA CON LOS PROVEEDORES DE PAPEL

16,00: Ver carteles publicitarios: CAMPAÑA VERANO

17,00: ENCARGAR INFORME VIABILIDAD PROYECTO «BETA»

18,30: Vuelo IB-7314 a Valladolid

– Recoger en aeropuerto a las 20:30

Notas: REPSOL: Confirmar cita.
LLEGADA DEL INFORME
SOBRE LA COMPETENCIA

a) elabore un diálogo entre el secretario y la Sra. Sánchez, atendiendo a las siguientes preguntas:

– ¿Podría indicarme a qué hora es la reunión?
– ¿Han llamado para confirmar la hora de...?
– ¿Tengo algo previsto para la hora de la comida?
– ¿Cómo se llama el representante? ¿A qué hora está citado?
– ¿A qué hora es el vuelo a...? ¿Dónde me recogerán?
– ¿Es hoy cuando tiene que llegar el informe de...?

y a las siguientes indicaciones:

1. Tener preparada la clasificación de productividad por zonas.
2. Llamar a Replol para confirmar la hora de la reunión.
3. Comunicar al Sr. García que la represente en la comida.
4. Excusarse con los proveedores por no poder asistir a la comida.

b) Cree los diálogos de las situaciones 2, 3 y 4.

 # de gramática

carpeta

 a CONDICIONAL DE CORTESÍA O PRESENTE
DE INDICATIVO

• El uso del presente da menos opción al/a la interlocutor/-a y mayor seguridad a quien afirma o interroga.
Ej.: ¿A qué hora está desocupado?

• El condicional de cortesía implica mayor consideración y menos coacción hacia el/la interlocutor/-a.
Ej.: ¿A qué hora estaría desocupado?

• El punto de equilibrio está en el uso del presente para la mera expresión de nuestras opiniones y deseos, y del condicional de cortesía siempre que nuestras palabras impliquen una solicitud o petición al interlocutor.
Ej.: Deseamos dar a conocer nuestros servicios, ¿podría concedernos una cita?

b **Transforme, siempre que sea posible, las formas verbales (destacadas) de las siguientes frases del presente al condicional. Indique qué opción es más adecuada y cuándo.**

1. ¿En qué **puedo** servirle?
2. **Quiero** tener una entrevista con Ud.
3. Le **agradezco** el interés mostrado.
4. ¿**Sabe** si puede conseguirme una entrevista con ella?
5. **Deseo** concretar la fecha de la próxima reunión.
6. ¿Le **es** posible desplazarse a nuestras instalaciones?
7. ¿Cuándo le **viene** bien atendernos?
8. ¿Dónde nos **encontramos** para almorzar?
9. ¿Me **permite** consultar la agenda?
10. ¿Qué le **parece** el próximo martes?
11. ¿Cuándo **dispone** de un hueco en su agenda?
12. El próximo martes me **es** imposible.
13. **Prefiero**, si no le molesta, que sea a las 12.
14. El único día que **tiene** libre es el viernes.
15. De acuerdo, no **hay** ningún problema.
16. **Acepto** encantado una entrevista con usted.
17. ¿**Es** tan amable de ponerme con el Sr. Méndez?
18. Si hay algún problema, se lo **comunico** inmediatamente.
19. **Necesito** hablar con la secretaria de la Jefa de Personal.
20. No, gracias, **prefiero** hablar personalmente con él.
21. ¿le **importa** decirme de parte de quién?

 ORACIONES DE RELATIVO

NEXOS:

      Pronombres relativos: Que, Quien, Cual, Cuyo.
      Adverbios relativos: Donde, como, cuanto, cuando.

MODOS:

INDICATIVO: Antecedente explícito, específico, conocido o determina-do.

— Ej.: Llama a los que estuvieron aquí ayer.

SUBJUNTIVO: Antecedente implícito, no específico, desconocido, igno-rado o no determinado.

— Ej.: Llama a los que estuvieran aquí ayer.

 Conjugue en indicativo o subjuntivo los verbos entre parénte-sis de las siguientes frases de relativo.

1. La entrevista que le (conceder), será decisiva para su ascenso.
2. Están prohibidas las llamadas que (hacerse) a partir de las 24:00.
3. La reunión de directivos, cuyo tema (estar) por decidir, será el día 30.
4. La próxima semana le será devuelta su solicitud, la cual (ser) dene-gada.
5. Le llamo para pedirle una cita con quien (ser) el o la responsable de la empresa.
6. Siento no poder aceptar su propuesta, la cual (tener) elementos razo-nables.
7. Han surgido algunos imprevistos, los cuales quizás nos (impedir) cumplir nuestros objetivos.
8. Si me permite solicitar un hueco en su agenda, que sin duda (estar) apretadísima...
9. El día 15, que (caer) en martes, nos será imposible asistir.
10. La reunión se debería celebrar donde no (haber) periodistas.
11. Recuerdo los años donde (superar) los presupuestos anuales en el mes de octubre.
12. Intentaré llegar como (poder).
13. Les comunicó la razón por la cual no (poder) asistir la semana pasa-da.
14. Este es el tipo de personas del que te (hablar).
15. De cada cinco personas que (asistir) a la reunión, tres serán nuevas.
16. Infórmate bien del lugar donde (deber) presentarnos.
17. Convocad para el día 25 la reunión que (aplazarse) el día 15.
18. No te creas todo lo que (contarte) en la próxima reunión.
19. Procura hacer siempre más de lo que (pedirte).
20. No hay más inconveniente que los que tú (querer) inventarte.

SOLICITAR UNA CITA
- Le/La llamo para pedirle una cita...
- Quisiera concertar una entrevista...
- Deseo saber si podría concederme una cita...
- Querría tener una reunión con usted...
- Deseo concretar con usted la fecha de...
- Le/La llamo para saber cuándo podríamos vernos...
- Quiero saber si le es posible recibirnos...

DAR A CONOCER LA FINALIDAD
- con el propósito de conocer / dar a conocer...
- para hablar sobre...
- a fin de intercambiar puntos de vista sobre...
- para establecer las bases de un futuro compromiso...
- con la intención de conocer su opinión...
- para darle a conocer nuestros...

CONCEDERLA
- De acuerdo.
- No hay ningún inconveniente.
- Encantado/a de poder atenderles.
- Tendré el gusto de recibirles...

ACEPTARLA Y AGRADECERLA
- Sí, de acuerdo.
- Sí, me parece perfecto.
- En principio no hay ningún inconveniente.
- Gracias por su atención.

FIJARLA
- Si me permite consultar mi agenda...
- El único día que podría recibirles...
- Por mi parte sería posible...
- Tendría que ser...
- ¿Le vendría bien el...?
- ¿Qué le parece si quedamos...?

- ¿Qué día le viene bien?
- ¿A qué hora podríamos quedar?
- ¿Dónde desea que se celebre la reunión?

CONFIRMAR LOS DETALLES
- Entonces, nos encontramos el día 2 a las 12 en...
- De acuerdo, quedamos el...
- Si no surgen imprevistos me presentaré el...

MANIFESTAR INCONVENIENTES
- Sí, pero sería posible una hora más tarde.
- La próxima semana nos es imposible.
- Preferiría, si le parece bien, posponerlo para...
- El día 15 nos viene muy justo.

DENEGARLA
- Siento no poder atender su petición...
- Lamento no poder aceptar su solicitud...
- Aceptaría encantado/a una entrevista con Ud., pero...
- Me gustaría poder recibirle/a, pero...
- Siento tener que declinar su petición...

ANULARLA O APLAZARLA
- Tengo que comunicarle que no podrá asistir a...
- Siento notificarle que le resultará imposible acudir...
- Nos vemos obligados a cancelar la cita...
- Debido a causas ajenas a nuestra voluntad...
- Han surgido algunos imprevistos que nos obligan a...
- Le ruego acepte mis disculpas...
- Le pido que nos comunique una nueva fecha...

PROYECTO

1

viajes de negocios

Organización de viajes:

- *desplazamientos*
- *alojamientos*
- *comidas, espectáculos...*

proyecto 1

viajes de negocios

PARA TENER EN CUENTA

Apóyese en estas indicaciones para la elaboración de los diálogos propuestos en el tema:

↪ *Agencia de viajes:*
- Seleccione una agencia de viajes con precios y servicios competitivos.
- Valore la precisión y puntualidad a la hora de gestionar y entregar los billetes.

↪ *Avión:*
- Prepare horarios para la ida y la vuelta.
- Si no es directo, busque la mejor combinación y reduzca al mínimo los tiempos de espera.
- Si está completo el vuelo que le interesa, permanezca en la lista de espera y reserve el vuelo siguiente.
- Siempre que sea posible, reserve con antelación y acójase a los descuentos.

↪ *Tren:*
- Hay compartimentos de fumadores y de no fumadores.
- Los asientos pueden ser de ventana o estar junto al pasillo.

↪ *Coche:*
- Puede alquilarlo con chófer o sin él.
- Existe la posibilidad de entrega en otra ciudad diferente a la de partida.
- El tipo de automóvil variará en función del cargo y el uso.
- Examine las opciones incluidas y no incluidas: gasolina, seguros, kilometraje...

↪ *Hoteles:*
- Deberán estar cerca del lugar de reunión, céntricos o próximos al aeropuerto o estación.
- Solicite información precisa del hotel: nombre, dirección, teléfono.
- Dé información concreta de las personas, número y tipo de habitaciones, e indicación exacta de las noches reservadas.
- Comunique la hora límite de garantía de las reservas.
- Pregunte por los servicios adicionales de ocio y deporte en estancias largas.
- Tenga en cuenta las instalaciones complementarias para la celebración de reuniones, convenciones, etc.

↪ *Datos de utilidad:*
- Documentación necesaria (pasaporte, visado, carnet de conducir...).

– Idioma. Prevea la contratación de intérpretes.
– Moneda. Tarjetas de crédito. Cambio de su moneda a la moneda local.
– Hora local. (Llamadas telefónicas...)
– Clima. Prendas de vestir adecuadas.
– Gastronomía: platos típicos.
– Compras y regalos típicos.

PARA ESCUCHAR

 En las siguientes grabaciones se solicitan y dan informaciones, así como se realizan, modifican y anulan reservas de acomodación y transporte:

- **Haga una relación de las estructuras y expresiones utilizadas.**
- **Utilícelas como base para el resto de ejercicios propuestos.**

↩ Información:

....
....
....
....
....

↩ Reservas:

....
....
....
....
....

↩ Cambios:

....
....
....
....
....

↩ Anulaciones:

....
....
....
....
....

viajes de negocios

PARA PRACTICAR

(Trabajo en parejas, alternando los roles emisor/-a - receptor/-a)

(1) **Ésta es la agenda de la Sra. Fuentes para la próxima semana. Póngase en contacto con su agencia de viajes y realice las
reservas de vuelos y estancias que considere necesarias, ra-
zonando sus decisiones.**

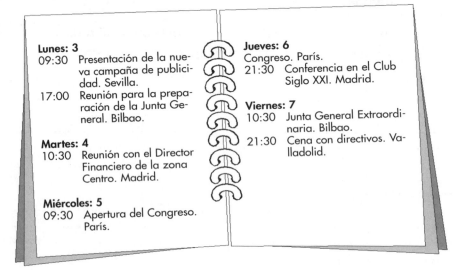

Lunes: 3
09:30   Presentación de la nueva campaña de publici-
dad. Sevilla.
17:00   Reunión para la preparación de la Junta Ge-
neral. Bilbao.

Martes: 4
10:30   Reunión con el Director
Financiero de la zona
Centro. Madrid.

Miércoles: 5
09:30   Apertura del Congreso.
París.

Jueves: 6
Congreso. París.
21:30   Conferencia en el Club
Siglo XXI. Madrid.

Viernes: 7
10:30   Junta General Extraordinaria. Bilbao.
21:30   Cena con directivos. Valladolid.

A continuación haga las gestiones oportunas, teniendo en cuenta lo siguiente:

• Se suspende la conferencia en el Club Siglo XXI.

• Se aplaza la cena con directivos para la semana siguiente.

(2) **Con la información obtenida en las conversaciones de la sección *Para escuchar*, realice las reservas necesarias para las
personas integrantes de las Jornadas de Convivencia y Reciclaje de los directores de sucursales, que se celebrarán en Al-
calá de Henares del 13 al 18 del presente mes:**

ASISTENTES

Nº de asistentes	Procedencia	Fecha y hora	Habitación	Servicios
1	Madrid	Lunes 13/09:00	Suite	Conexión para PC y modem.
1 2	Bonn	Dom. 12/19:30 Dom. 12/19:30	Individual Doble	Habitación no fumadores. Flores.
2	París	Dom. 12/15:30	Individual	Escritorio.
1	Bruselas	Lun. 13/11:00	Suite	Sala de estar.
2	Londres	Dom. 12/23:00	Individual	Minibar.

Salones	Menús	Pausas	Servicios del Hotel
Salón Rosales:	Días 13 y 15: Nº 1.	11:30 Pausa y refrigerio.	Bar y restaurante.
Mesa de reuniones.	Días 14 y 16: Nº 2.	14:30 Comida.	Peluquería.
Megafonía.	Día 17: Especial.	18:30 Pausa y refrigerio.	Sauna. Masajes.
Proyectores.		21:30 Cena.	Piscina. Gimnasio.
Grabadora.			Reserva hasta las 24.00.

HOTEL PRÍNCIPE. Infante, 65. Tlf.: 513 95 42

A. Indique al hotel:

- Lista de personas y días que pernoctarán. Fecha y hora de llegada.
- Tipo de habitaciones.
- Salón que desea reservar y características.
- Lista de bienes de equipo necesarios.
- Número y horario aproximado de pausas con refrigerio.
- Horario de las comidas y cenas.
- Solicite asimismo información de servicios de ocio.
- Exija confirmación escrita por parte del hotel.

B. Simule una llamada entre uno/a de los/las participantes y la persona responsable de realizar las reservas, para confirmar el hotel, su localización y la fecha y hora de llegada.

③ **Organice el viaje Madrid-Sevilla-Madrid para el señor Velázquez. Ida y vuelta en el mismo día.**

viajes de negocios

proyecto 1

Llame a la central de reservas del AVE:

- Solicite horarios para llegar a Sevilla antes de las 10:30 de la mañana y regresar a Madrid antes de las 24:00 horas.
- Pida tarifas y condiciones de uso, cambio y anulación.
- Requiera información sobre los servicios incluidos en cada una de las "clases".
- Confirme la reserva y solicite el envío a domicilio.

Ida	VALLE	LLANO	PUNTA
Nº Tren	9.614	9.664	9.616
Madrid	07:00	07:30	08:00
Sevilla	09:40	10:05	10:15
Restauración: desayuno			

Regreso	PUNTA	LLANO	LLANO
Nº Tren	9.639	9.641	9.643
Sevilla	19:00	20:00	21:00
Madrid	21:30	22:35	23:30
Restauración: cena			

Pts.	Turista	Preferente	Club
VALLE	7.600	8.900	9.200
LLANO	11.400	12.700	13.200
PUNTA	13.700	15.600	16.500

- Todos los billetes incluyen el IVA y el Seguro Obligatorio de Viajeros.
- Se pueden adquirir hasta con 60 días de antelación.
- ANULACIONES Y CAMBIOS: hasta cinco minutos antes de la salida del tren con el 15% de gastos, y si lo desea puede cambiarlo para otro día con el 10% de gastos. Si lo cambia para un tren del mismo día, se realiza gratis el primer cambio.
- PUNTUALIDAD: Si el retraso es superior a 5 minutos, se le devolverá el importe del billete.

DESCUENTOS	
Ida y vuelta: (Vuelta hasta 60 días.)	20%
Ida y vuelta en el día: (No admite cambio.)	25%

SERVICIO POR CLASES	Club	Preferente	Turista
Cafetería	•	•	•
Venta de artículos a bordo	•	•	•
Máquina de bebidas	•	•	•
Teléfonos	•	•	•
Cuatro canales de música	•	•	•
Vídeo	•	•	•
Pasatiempos para niños	•	•	•
Facilidades para minusválidos	•	•	•
Aseo para bebés	•	•	•
Restauración	carta	•	
Acceso a Salas Club AVE	•	•	
Prensa diaria y revista *Paisajes*	•	•	
Aparcamiento	•	•	
Servicio de bar en el asiento	•		

(4) **Contrate el servicio de alquiler de un automóvil con chófer que recoja al Sr. Velázquez de la estación y le acompañe en sus desplazamientos durante todo el día.**

Para contratar el servicio:

• Seleccione el tipo de automóvil.

• Indique el lugar y la hora de recogida del Sr. Velázquez.

• Indique el tipo y el número de tarjeta de crédito para el pago.

ABIERTO - FESTIVOS

1 Febrero 1998

Grupo	TIPO	EQUIPA-MIENTO	KILOMETRAJE ILIMITADO UNLIMITED MILEAGE		
			1 a 2 dias/days (por dia/per day)	3 a 6 dias/days (por dia/per day)	7 a 15 dias/days (por dia/per day)
PEQUEÑO					
A	Wolkswagen Polo Seat Ibiza Ford Fiesta		6.500	5.800	4.500
MEDIANO					
B	Seat Ibiza Ford Escort Seat Córdoba		9.000	8.000	6.000
C	Wolkswagen Golf Seat Toledo		12.000	10.000	8.000
EJECUTIVO-EXECUTIVE					
D	Audi A-4 Volkswagen Passat		17.000	14.000	12.000
LUJO-LUXURY					
E	Audi A-6 Mercedes E-220		25.000	20.000	18.000
MINIBÚS					
G	Wolkswagen Caravell		17.000	14.000	12.000
COMERCIAL					
H	Seat Terra		6.500	5.500	4.000

TRANSPORTE CON CHÓFER

	A	B	C	D	E
Aeropuerto/Estación Airport/r.w. station	6.900	8.000	9.200	11.300	13.000
Ciudad/Town 3 horas y 40 km.	14.000	16.100	17.800	14.000	22.900
Viajes/Touring 8 horas y 250 km.	32.500	35.600	39.100	36.500	49.000
Por km. extra Per extra km.	100	110	120	130	165
Por hora extra Per extra hour	3.500	4.000	4.300	4.500	5.100

proyecto 1

⑤ **Haga la simulación de la reserva para una comida de trabajo.**

- Reserve una mesa para cuatro personas.
- Elabore un menú.
- Elija la bebida.
- Pregunte los precios.

La Cocina

- Carretera N-III, km. 150. Monte de Palanco. Tfno.: 691 95 42. De 3.500 a 4.500 ptas.

He aquí uno de esos lugares que, sobre todo lo largo de las carreteras que unen Madrid con Valencia, están elevando mucho el nivel de la cocina manchega y haciéndola accesible a propios y extraños, sorprendidos y encantados con unos gazpachos de caza o tiernos filetitos de cabrito lechal con pisto o hasta una codorniz a la plancha con su jugo y pmienta verde. Hay buen queso curado y postres caseros. Se nota una ligera merma en la diversidad de su oferta de vinos manchegos, que es una pena en el momento en que éstos progresan más que nunca.

---

⑥ **Llamen y reserven dos localidades para este espectáculo de flamenco:**

TE HABLARÁN LOS OJOS

Fusión de Danza y Poesía. Carmen Villa.

Hasta el 28 de Julio.
Lunes y Martes descanso.
23 H.

TEATRO PIQUILLO. (Piquillo, 42.)

PRECIO 1.200 pts.

PROYECTO

2

información y compra/venta por teléfono

- *Eventos*
- *Actividades culturales y lúdicas*
- *Pedidos y ventas*

información y compra/venta por teléfono

HAY QUE RECORDAR

LAS INTERROGACIONES

Personas o cosas	¿Qué, quién, quiénes, cuál, cuáles...?
Lugares	¿Dónde, adónde, por dónde...?
Tiempo	¿Cuándo, qué días...?
Modo	¿Cómo, de qué manera...?
Cantidad	¿Cuánto, qué extensión...?
Finalidad	¿Para qué, con qué fin...?
Causa	¿Por qué...?

Enumere las partículas interrogativas que recuerde de cada una de las categorías anteriores, y haga una pregunta con cada una de ellas.

....

....

....

....

....

....

....

....

....

....

....

....

....

....

PARA ESCUCHAR

 Escuche dos o tres veces la siguiente grabación, donde se informa de la celebración de unas ferias en Madrid. Después formule las preguntas correspondientes a estas respuestas.

proyecto 2

P.: ....

R.: Se denomina Interregalo.

P.: ....

R.: El 14 de diciembre.

P.: ....

R.: En el Parque Ferial Juan Carlos I.

P.: ....

R.: 338.

P.: ....

R.: Únicamente los profesionales.

P.: ....

R.: Para exponer productos de bisutería y complementos.

P.: ....

R.: 130.000 metros cuadrados.

P.: ....

R.: Desde el aeropuerto existe un transporte gratuito, la línea L1.

P.: ....

R.: Encontrará amplia información en la página WEB
    www.interjoya.fema.es

PARA PRACTICAR

(Trabajo en parejas, alternando los roles emisor/-a - receptor/a)

(1) Su empresa se dedica a la investigación y fabricación de productos ecológicos. Se ha enterado de la organización de una feria en Sevilla sobre el tema. Está muy interesado/a en introducir sus productos en España y puede ser una oportunidad inmejorable para conocer de cerca la realidad española sobre el tema.

Apoyándose en la información que se da en la página 64, elaboren por parejas las preguntas y respuestas necesarias para obtener la información deseada. Después representen la conversación en clase.

información y compra/venta por teléfono

proyecto 2

SALÓN INTERNACIONAL DE LA ECOLOGÍA Y LAS TÉCNICAS MEDIOAMBIENTALES NATUR'98 - NATUR/ALIMENT

DEL 16 AL 19 DE OCTUBRE DE 1998
SEVILLA - ESPAÑA

ENTIDADES ORGANIZADORAS

Feria Iberoamericana (FIBE) y Asociación de la Ecología y el Medio Ambiente (AMA), con sede en Madrid.

Contenido del Salón y sectores implicados:
– consultorías e ingenierías,
– sector público e instituciones,
– bienes de equipo:

- tratamiento de aguas,
- tratamiento de residuos,
- reciclaje,
- contaminación del aire,
- contaminación del suelo,

- acústica y vibraciones,
- limpieza urbana e industrial,
- energías renovables,
- protección del medio marino,
- protección del medio ambiente natural.

CONTRATACIÓN DE ESPACIOS

El Salón Natur'98 - Natur / Aliment pone a disposición de los expositores un total de 15.000 metros cuadrados en dos pabellones de la Feria Iberoamericana (FIBE).

El espacio mínimo que se contrata es de 16 metros cuadrados.

El precio por metro cuadrado es de 12.000 ptas., a lo cual deben añadirse 2.750 ptas. en caso de contratar también un stand modular.

Así, para el stand mínimo (16 m²), el importe total, stand incluido, ascendería a 236.000 ptas, más IVA.

DÓNDE ALOJARSE EN SEVILLA

HOTELES CON OFERTAS ESPECIALES PARA FIBE:

HOTEL LEBREROS****
Beatriz de Morales, 2 – tef. (95) 691 22 20.

HOTEL SAN LUIS ***
Avenida La Innovación, s/n – tef. (95) 651 23 25 – fax (95) 651 31 00.

HOTEL CONGRESO ****
Avda. Alcalde Uruñuela, s/n – tef. (95) 691 95 42.

HOTEL DE LOS REYES ***
Avda. Montoto, 129 – tef. (95) 691 66 10 – fax (95) 691 68 15.

Centro Internacional de Reservas Turísticas de Andalucía, Gala, S.A.
TELÉFONO: (95) 283 20 20 - 901 13 15 42.
FAX : (95) 283 40 40 - 901 13 15 22.
TELÉFONO INTERNACIONAL: 34 5 691 15 15.
FAX INTERNACIONAL: 34 5 691 13 13.

información y compra/venta por teléfono

FORMULARIO DE PREINSCRIPCIÓN

La cumplimentación del presente formulario constituye una pre-reserva de espacio en el Salón Natur'98 - Natur / Aliment. La reserva tendrá lugar con la firma y envío del contrato de participación, mientras que su asignación definitiva se perfeccionará tras el pago de las cantidades comprometidas.

Nombre de la empresa: ....

Dirección: ....

Población: .... Código Postal: ....

País: .... Fecha: ....

Persona de contacto: ....

Cargo que ocupa en la empresa: ....

Teléfono contacto: .... Fax: ....

E-Mail: ....

Web: ....

Reserva de espacio en m^2 (16 o múltiplos de esta medida): ....

El precio por m^2 es de 12.000 ptas.

 CURSO DE ESPAÑOL COMERCIAL

Se le encarga la selección de un centro de idiomas para enviar durante una semana a Valencia a un ejecutivo de ventas para perfeccionar su español.

Con la información que se le da a continuación, elabore un guión telefónico con una pregunta/respuesta para cada punto.

• Nivel del alumno	Español general: avanzado.
	Español comercial: medio.
• Necesidades del alumno	Español de los negocios.
	Preparación de presentaciones.
	Técnicas de negociación.
• Tipo de curso	Inmersión total. Individual.
	De 5 a 7:30 horas al día.
	De lunes a domingo.
• Fechas	Próxima semana.
• Horario	A convenir.
• Alojamiento	Hotel. Céntrico y próximo al centro de enseñanza.
• Lugar de impartición	Mañanas en el centro, tardes en el hotel.
• Profesorado	Titulación universitaria.
	Amplia experiencia profesional.
• Recursos disponibles	Instalaciones modernas.
	Apoyo multimedia y laboratorio de idiomas.
	Biblioteca, fonoteca y cafetería.
	Actividades de inmersión: comidas
	de trabajo, espectáculos, simulación de
	presentaciones y reuniones de negocios...

③ **INFORMACIÓN DE SERVICIO PÚBLICO**

Con los datos reflejados en el siguiente cuadro, elabore un guión para obtener la información siguiente:

• Servicios que presta la Biblioteca Musical.

• Organización de los fondos.

• Dirección.

• Horario.

• Requisitos de acceso.

B I B L I O T E C A   M U S I C A L

Presta servicios de lectura en sala y préstamo de libros y partituras, reprografía, préstamo de instrumentos musicales, audición de discos compactos en sala de lectura, diversas cabinas de ensayo (cuatro individuales de piano, una de ensayo para grupos...).

Los fondos están organizados en secciones: bibliográfica, de referencias, revistas, música práctica, enseñanza musical, fonoteca, videoteca y quijotes musicales.

DIRECCIÓN:
c/Reina María, 11, 2ª planta
28015 Madrid
Tfno.: 501 01 01

HORARIO: de 09 a 21 horas (lunes a viernes, excepto agosto).
ACCESO: carnet de la biblioteca. (2 fotografías.)

---

④ **VISITAS POR MADRID**

Contrate por teléfono el servicio de autobús para realizar un recorrido turístico por la ciudad con un grupo de 20 personas de diferentes nacionalidades que asisten a un congreso.

Se hará el día 13 de agosto. Se saldrá del vestíbulo del Hotel Berlín a las 16:00 horas.

MADRID VISIÓN   TRAPSATUR. Tfno.: 777 77 77
*Itinerario turístico a bordo de autocar: aire acondicionado,
dos pisos, servicio de azafatas, explicación en español, inglés, francés
y alemán mediante auriculares.*
PANORÁMICA: 1.500 pts. por persona.
ITINERARIO: Gran Vía, Retiro, Castellana, Museos, Pasillo Verde...

PEDIDOS POR TELÉFONO

Le encargan que haga un pedido de 10 agendas para 1999 (4 de sobremesa, 3 de bolsillo y 3 de bolsillo mini).

Encuentra la siguiente publicidad. Llama, se informa y se decide a hacer el pedido por teléfono.

Elabore un guión dividiendo la conversación en dos fases:
• **solicitud de información,**
• **elaboración del pedido.**

AGENDA DE SOBREMESA	– Medida: 198 x 268 mm. – Artesanal. Piel. – PVP: 6.900 pts. – Toda la información nacional, autonómica e internacional. Viajes, restaurantes y hoteles. Planos de las principales ciudades. Mapa de carreteras. Programación y dietario. Calendario. Directorio de teléfonos.
AGENDA DE BOLSILLO	– Medida: 95 x 148 mm. – Funda símil piel. – PVP: 2.700 pts. – Información nacional e internacional. Calendario y dietario. Directorio de teléfonos.
AGENDA DE BOLSILLO MINI	– Medida: 118 x 65 mm. – Símil piel. – PVP: 1.800 pts. – Información nacional. Calendario y dietario. Directorio de teléfonos.

Para más información y pedidos de empresa, llamar al teléfono de atención al cliente 549 67 89.

DATOS PARA EL PEDIDO

Nombre de la empresa: ....

C.I.F.: ....

Dirección: ....

CP: .... Localidad: .... Provincia: ....

FORMA DE PAGO

Cheque nominativo: .... Contrarreembolso: ....

Tarjeta de crédito: .... Nº de tarjeta: ....

proyecto 2

proyecto 2

⑥ **¡HAY QUE VENDER!**

En parejas, analicen cada uno de los tipos de clientes propuestos y elaboren un guión con los diálogos que se desarrollarían entre el/la operador/-a de telemárketing y el/la cliente/a.

TAREA DEL/DE LA OPERADOR/-A:

• Vender a directivos/as de empresa:

 – lotes de cava de una marca prestigiosa,

 – enciclopedia de la historia de la economía, en tirada limitada,

 – estancia en paradores nacionales para dos personas.

ARGUMENTOS:

• Calidad y prestigio del producto y de la empresa.

• Fiabilidad en los plazos de entrega.

• Trato personalizado y especial:

 – Precio único.

 – Selección restringida.

CÓMO TRATAR A CADA CLIENTE/A:
LOCUAZ No tiene sentido del tiempo. Desvirtúa la conversación. Habla demasiado de todo.
TRATO Educación. Escucha activa. Centrar al/a la cliente/a en el tema y el objetivo de la llamada.
SECO/A No habla. Responde con monosílabos.
TRATO Preguntas cerradas que encaminen a respuestas afirmativas.
ESCÉPTICO/A Duda de todo. No se cree nada. Rechaza argumentos lógicos. No tiene ideas fijas.
TRATO Buen humor. Respetarle las ideas. Hacer preguntas. No contradecirle/a. Presentar pruebas de calidad de nuestro producto.

PROYECTO

3

atención de las reclamaciones de los clientes

- *Atención y presentación de objeciones, quejas y reclamaciones*

proyecto

ESQUEMA:
Atención de objeciones, quejas y reclamaciones

Fase de atención y presentación

SALUDO	
Anunciar la queja, objeción o reclamación.	Escuchar atentamente.
Describir los hechos.	Interrogar sobre los hechos y comprobar su fundamento.
Exponer la reclamación y sus motivos. Requerir garantías de solución.	Manifestar comprensión hacia sus razones. Asegurar inmediatez y garantía de solución.
Advertir de la seriedad de su queja. Mostrar enfado, impaciencia...	Manifestar pesar por los hechos y sus consecuencias.
DESPEDIDA	

Fase de resolución

SALUDO	
Responder detalladamente a la queja o reclamación.	
Reconocer los errores y ofrecer una explicación.	Aceptar o rechazar la propuesta.
Razonar la imposibilidad de atender la reclamación, o bien aceptarla.	
Comunicar las medidas preventivas adoptadas.	Comunicar acciones alternativas que se adoptarán.
DESPEDIDA	

- **Diga qué expresiones utilizaría en cada fase y acto del esquema para dar una solución eficiente y profesional a un/-a cliente/a que nos manifiesta una queja o reclamación.**

- **Identifique en la grabación que escuchará a continuación la fase y los actos del esquema a los que se hace referencia.**

El Sr. Fernández ha llamado a la empresa Transportes Urgentes para hacer una reclamación. La recepcionista le ha remitido al Sr. Pérez, como responsable del Servicio de Atención al Cliente.

– *Buenos días. Le atiende Luis Pérez, del Servicio de Atención al Cliente de Transportes Urgentes. ¿En qué puedo ayudarle?*

– Buenos días. Quiero hacer una reclamación sobre un servicio contratado con ustedes. ¿Puede atenderme usted?

– *Por supuesto. ¿Podría, por favor, decirme exactamente de qué se trata?*

– Soy el Sr. Fernández, Jefe de Compras de *Fernández y Asociados*. La razón de querer presentar una reclamación se debe al retraso en la entrega de material informático que necesitábamos con urgencia. Hace más de cuatro días que nuestra oficina de Valladolid nos lo envió a través de su empresa y Uds. nos garantizaron que en el plazo máximo de 48 horas estaría en nuestro poder. Esto es completamente intolerable y no comprendo cómo es posible que en una empresa de su categoría puedan producirse estos errores.

– *Comprendo su enfado, Sr. Fernández, e inmediatamente vamos a hacer todo lo posible por aclarar este lamentable error. Tenga la seguridad de que siempre ponemos todos los medios para cumplir con nuestros clientes. ¿Podría concretarme el día en que su oficina le confirmó el envío?*

– Exactamente el lunes pasado. Deberíamos haberlo recibido el miércoles y ya estamos a viernes. No sabe bien los gastos y los trastornos que nos ha ocasionado su retraso. Hemos tenido que alquilar otros equipos y no podremos entregar los trabajos en el plazo previsto. Exijo unas explicaciones convincentes y una indemnización por los gastos originados.

– *Sin duda alguna, si el Servicio de Control determina que el retraso se debe a un fallo nuestro, asumiremos todos los compromisos contraídos. Estudiaremos inmediatamente la reclamación y le informaré personalmente de la decisión. ¿Le parece correcto?*

– Conforme. Me parece perfecto que hagan las confirmaciones que necesiten, pero, si no atienden nuestra petición, nos veremos obligados a tomar las medidas oportunas, de acuerdo con lo estipulado en el contrato de envío.

– *Le ruego nuevamente que disculpe los trastornos que esta demora haya podido ocasionarles y le agradezco el haber utilizado nuestro Servicio de Atención al Cliente. Buenos días, Sr. Fernández.*

– Buenos días.

proyecto 3

PARA ESCUCHAR

 En las siguientes grabaciones encontrará todos los recursos que deberá utilizar en la sección PARA PRACTICAR.

(1) Basándose en las definiciones dadas a continuación, determine qué expresa cada una de las frases de la siguiente grabación.

El/la cliente/a nos manifiesta su insatisfacción con nuestros servicios, nuestros productos o nuestra atención:

⇝ No le gusta algún aspecto concreto: OBJECIÓN.

⇝ Personalmente no se considera bien atendido: QUEJA.

⇝ Pide o espera algo en relación a una objeción o queja expresada: RECLAMACIÓN.

	O	Q	R
1.	❏	❏	❏
2.	❏	❏	❏
3.	❏	❏	❏
4.	❏	❏	❏
5.	❏	❏	❏
6.	❏	❏	❏
7.	❏	❏	❏
8.	❏	❏	❏
9.	❏	❏	❏
10.	❏	❏	❏

(2) Escuche con atención las frases siguientes y clasifíquelas según indiquen:

• Interés o deseo de solucionar el problema: Nº ❏❏❏❏❏❏❏❏

• Comprensión hacia las razones del/de la cliente/a: Nº ❏❏❏❏❏❏❏❏

• Garantías de estudio del caso: Nº ❏❏❏❏❏❏❏❏

• Manifestación de pesar por los hechos: Nº ❏❏❏❏❏❏❏❏

• Acuerdo/Desacuerdo: Nº ❏❏❏❏❏❏❏❏

atención de las reclamaciones de los clientes

③ **Tras analizar detenidamente las circunstancias del hecho, y habiendo decidido la Dirección la respuesta a la reclamación presentada por el Sr. Fernández, el Sr. Pérez se la comunica por teléfono.**

– *¿Sr. Fernández?*

– *Sí, Sr. Pérez, dígame.*

– *Le llamo con relación al retraso en la entrega de material informático enviado desde nuestra oficina de Valladolid. ¿Lo recuerda?*

– *Por supuesto.*

– *Bien. Hemos estudiado detenidamente el caso y nuestra empresa reconoce que su reclamación es totalmente justificada. Inexplicablemente, ha habido una confusión en nuestra oficina de envíos y equivocaron el suyo con otro destinado a su Delegación de Orense.*

– *Me alegro mucho de que lo reconozcan, pero en lo referente a nuestra solicitud de indemnización económica, ¿han tomado alguna decisión?*

A continuación escuchará tres conversaciones. Cada una de ellas hace referencia a uno de estos tres supuestos:

• El Sr. Pérez le comunica la aceptación total de la reclamación económica.

• El Sr. Pérez le comunica la aceptación parcial de la reclamación económica.

• El Sr. Pérez le comunica la denegación total de la reclamación económica.

Determine cuál corresponde a cada uno de los supuestos y extraiga los términos que indiquen:

ADMISIÓN TOTAL O PARCIAL DE LA RECLAMACIÓN	• • • •
RECHAZO ABSOLUTO DE LA RECLAMACIÓN	• • • •
ACUERDO CON LA SOLUCIÓN	• • • •
DESACUERDO CON LA SOLUCIÓN	• • • •

atención de las reclamaciones de los clientes

proyecto

PARA PRACTICAR

(Trabajo en parejas, alternando los roles emisor/-a - receptor/a)

(1) **Imagine reacciones para cada una de las soluciones dadas en el primer cuadro, y señale la solución que crea que se ha aportado para cada una de las reacciones reflejadas en el segundo cuadro.**

SOLUCIONES DADAS
1 Las facturas objeto de su reclamación han sido comprobadas y son correctas. Le aconsejo que hable con su familia sobre los tiempos de conexión a Internet.
2 Se ha comprobado que en la fecha en que le cargamos intereses por descubierto, efectivamente Ud. tenía saldo. Le rogamos disculpe nuestro error. Automáticamente le reingresamos la cantidad.
3 Le comunico que su equipaje ha sido dado por perdido y con arreglo al Real Decreto 2333/83, que regula los trayectos nacionales, tiene derecho a una indemnización de 54.000 pesetas por bulto.
4 La pérdida o sustracción del certificado que reclama no es achacable a Correos, debido a que fue el conserje de su casa, con su autorización, quien se hizo responsable de la recepción del mismo.
5 En relación a su solicitud de devolución de la mensualidad de mayo, alegando que únicamente se ha impartido la mitad de las clases de Inglés, le recuerdo que los responsables de establecer las fiestas nacionales y locales son el Gobierno y la Comunidad de Madrid. Quizá le interese dirigirse a ellos.

REACCIONES DE LOS/LAS AFECTADOS/AS
1 No tienen reparo en mentir con tal de vender el producto. Lo compro para adelgazar y engordo 5 kilos. ¡Son ustedes unos sinvergüenzas!
2 ¿Cómo quiere que esté conforme, si no me devuelven el dinero de la reserva y, además, me quedo sin viaje?
3 ¡No se hable más! ¡Lo dejamos así! ¡Perfecto!
4 Debo reconocer que tiene razón. Ustedes no son los verdaderos responsables.
5 ¿Cómo que Ud. no tocó nada, si ahora al dar la luz del salón suena el timbre de la casa?

 —— 74 ——

Por parejas, elaboren el guión de conversaciones en las que haya que dar justificaciones válidas a las protestas presentadas por los siguientes hechos:

Situaciones:

- Extravío de documentos.
- No presentación en la empresa de la que previamente se había recogido un aviso de asistencia urgente.
- Comportamiento grosero de un empleado de la empresa hacia un cliente.
- Suspensión, sin previo aviso, de un concierto.
- Avería frecuente en una maquinaria nueva.

 Proyecto de grupo:

PLANTEAMIENTO

José García tiene 39 años. Natural de Badajoz. Padre de 4 hijos. Mide 1,60 cm y pesa 108 Kilogramos.

María González tiene 40 años. Originaria de Salamanca. Madre de 4 hijos. Mide 1,70 cm y pesa 65 Kilogramos.

María ha visto anunciado en la prensa y en la televisión un método de adelgazamiento intensivo con resultados rápidos, garantizados y con un mínimo sacrificio.

Dejándose llevar por los consejos de Pili, su vecina, y ante el preocupante y constante aumento de peso de José, adquiere en la farmacia todos los componentes del método de adelgazamiento: pastillas, sobres y una cuerda para saltar.

Pasados dos meses de duro tratamiento, los resultados son desalentadores:

- Pérdida del sentido del humor de José.
- Adelgazamiento insignificante de 500 gramos.
- Enfrentamiento con los vecinos del piso de abajo como consecuencia de los ruidos producidos al saltar con la cuerda.

María, sintiéndose engañada, decide llamar a la empresa que distribuye los productos del método milagroso, con la intención de manifestarle su indignación y solicitar una indemnización por el dinero perdido y los daños morales ocasionados.

atención de las reclamaciones de los clientes

proyecto

CARACTERIZACIÓN DE LOS ROLES

Para el desarrollo de las propuestas siguientes, tendrá que caracterizar a María y a la persona encargada del Servicio de Atención al Cliente, sucesivamente, como dos personas que se conducen con educación o bien con agresividad.

DESARROLLO

Elabore un guión que desarrolle como mínimo los elementos siguientes:

SALUDO	
Pedir detalles de los hechos.	Manifestar insatisfacción. Narrar los hechos.
Defender la rentabilidad de invertir en salud.	Enunciar los perjuicios económicos y morales.
Achacar la falta de resultados a carencias del interesado.	Mostrar enfado. Reclamar una indemnización.
Dar respuesta afirmativa o negativa.	Aceptar o rechazar la solución.
DESPEDIDA	

En función del papel asumido, vaya incorporando información, razones, expresiones... para dar forma a cada uno de los elementos del guión.

Ejemplo:

Perjuicios económicos y morales:
- Ausencia del trabajo por enfermedad.
- Abruptos cambios de carácter.
- ...

Riesgos corridos:
- Pérdida de salud.
- Problemas psicológicos.

Promesas incumplidas:
- No volverá a engordar.
- Respuesta científica a su problema.
- Eficacia al 100%
- Resultados desde la primera semana.
- Libro de instrucciones y tabla de ejercicios diarios.

Finalmente, escenifíquese por parejas, con las siguientes combinaciones:

María educada ↔ Servicio de Atención al Cliente agresivo
↔ Servicio de Atención al Cliente educado

María agresiva ↔ Servicio de Atención al Cliente educado
↔ Servicio de Atención al Cliente agresivo

CONCLUSIÓN

Graben las comunicaciones telefónicas.

Escuchen la grabación y analicen los fallos.

Transcripciones y claves

transcripciones

INTRODUCCIÓN

1.A. Escuche en la cinta las siguientes fórmulas de saludo y despedida. (Véase pág. 7.)

1.B. Identifique en las frases de la grabación que va a oír a continuación, atendiendo al tono y al tratamiento, con cuál de estas personas está hablando:

1. ¡Hola, Juan! ¿Cómo estás?
2. Gracias por tu atención. Un saludo.
3. Buenos días, Sr. de la Losa, ¿qué desea?
4. Buenos días, ¿está María?
5. De acuerdo, buenos días.
6. Bueno, que te vaya bien. ¡Hasta pronto!

2.B. Tome nota de las palabras que se deletrean en la grabación (deletreo por letras y por sílabas). Deletréelas a continuación usted:

– Deletreo por letras: S-e-ñ-a-l, R-e-d, B-u-z-ó-n, Ll-a-m-a-d-a, E-s-c-u-ch-a, M-e-n-s-a-j-e, G-r-a-b-a-r, C-o-b-e-r-t-u-r-a.
– Deletreo por sílabas: Di-se-ño, Re-cep-ción, Per-so-na-li-zar, De-ta-llar, Es-tre-cho, Fi-jar, Gra-tu-i-to, Cuo-ta.

3. A continuación tiene unas pautas para dar números de teléfono. Escuche en las grabaciones los siguientes ejemplos y después léalos usted mismo/a. (Véase pág. 9.)

6. Después de escuchar las conversaciones de la grabación, determine cuáles de estos servicios se han utilizado y escriba a qué diálogo corresponde cada uno:

Diálogo 1

- ¿Importaciones Asiáticas?
- Sí, ¿en qué puedo atenderle?
- El Sr. Antonio Pedrero desea cargar a la cuenta de su empresa una llamada internacional a China. Exactamente al número 321 48 97. ¿Dan ustedes su conformidad?
...

Diálogo 2

- Buenos días. Servicio Internacional. Dígame.
- Deseo poner una conferencia a las 09:00 de la mañana, hora local de Buenos Aires, con el número 47 33 63 98.
- Dígame su nombre y su número de teléfono, por favor.
...

Diálogo 3

- ¿Sra. Isabel García?
- Sí, ¿qué desea?
- ¿Acepta usted el cargo a su cuenta de la comunicación telefónica que desea establecer con usted la Srta. Patricia Gómez, desde Dublín?
...

Diálogo 4

- ¿Sr. José González?
- Sí, soy yo.
- El Sr. Yebra, con quien deseaba hablar, no está en estos momentos. Nos han confirmado que a las 12 del mediodía se encontrará en el número que usted nos ha facilitado. ¿Desea que establezcamos comunicación con él a esa hora o anulamos la conferencia?
- Inténtelo de nuevo a las 12, por favor.
...

transcripciones

CASO PRÁCTICO 1: Elementos básicos de una llamada

PREPARACIÓN PARA LA CARPETA DE PRÁCTICAS

1. Escuche atentamente y extraiga las expresiones utilizadas para cada acto comunicativo.

Grabación 1 (Modelo). (Véase pág. 14.)

Grabación 2:

El operador identifica y distribuye una llamada de un cliente.
- **Servinet, buenos días. Le atiende Ignacio Arribas.**
- *Buenos días. Mire, hemos contratado un servicio de conexión a Internet con ustedes. Somos incapaces de realizar el proceso de autoinstalación, ¿podrían orientarnos?*
- **¿Sería tan amable de indicarme su identificador?**
- *Sí, es el a 28395312.*
- **Son ustedes el Centro de la Imagen, ¿verdad?**
- *Efectivamente. Contratamos con ustedes el servicio el lunes pasado.*
- **¿Podrían detallarme con exactitud en qué fase de la autoinstalación les ha surgido el problema?**
- *Concretamente en el momento en que intenta reconocer el módem.*
- **No se retire, por favor, en un instante le atenderá nuestro servicio técnico.**

Grabación 3:

La operadora atiende y mantiene en espera una llamada.
- **Serrano y Asociados. Buenas tardes. ¿En qué podemos servirle?**
- *Necesito hablar con el Sr. García. ¿Sería tan amable de pasarme con él?*
- **¿A quién debo anunciar, por favor?**
- *Soy Manuel Peláez, de Autos Madroño.*
- **¿Son ustedes clientes de nuestro servicio de consultoría?**
- *No, nos remite a ustedes la Sra. Ferrero, de Automóviles Aguilar.*
- **¿Tendría inconveniente en anticiparme el asunto de su llamada?**
- *La Sra. Ferrero nos ha hablado del prestigio del Sr. García en temas fiscales de nuestro sector y deseamos que nos conceda una cita para estudiar la posibilidad de llevarnos estos temas.*
  ...
- **¿Sr. Peláez?**
- *Sí, la escucho.*
- **¿Sería tan amable de volver a llamar en 10 minutos?, el Sr. García le podrá atender personalmente.**
- *De acuerdo. Volveré a llamar. Gracias por su atención.*
- **Gracias a usted. Buenas tardes.**

2. De las frases de la grabación, determine cuáles corresponden al saludo, a la despedida, a la identificación o a la finalidad de la llamada.

1. ¿Dígame? ¿En qué puedo ayudarle?
2. ¿Sería posible hablar con el Sr. Pinto ahora?
3. No se preocupe, he tomado nota y le pasaré el mensaje ahora mismo.
4. ¿Podría indicarme su nombre, por favor?
5. Buenas tardes. Gracias por acudir a nuestros servicios.
6. Es con vistas a fijar una cita con el Sr. Rodríguez.
7. ¿A quién debo anunciar?
8. Le damos las gracias por haber acudido a nosotros.
9. Le atiende la Srta. Marta, buenas tardes.
10. Deseo haberle aclarado las dudas que nos había planteado.
11. ¿Cuál es el propósito de su llamada?
12. ¿Podría proporcionarme algunos detalles del programa de viaje?
13. ¿De qué empresa ha dicho que llama?
14. Departamento de Edición. Le escucho.
15. Me encantaría seguir hablando con usted, pero no quiero entretenerle más.
16. Es a propósito de las fechas de la próxima Junta de Accionistas.

transcripciones

3. Tras escuchar la grabación, ponga en orden las palabras de las frases siguientes.

a) La operadora se opuso a pasarle la comunicación al negarse a identificarse y a indicarle el motivo de su llamada.

b) El interlocutor pidió que le dijeran que contactara con él.

c) La telefonista intentó localizar a la secretaria de la Sra. Bellido tras solicitar al cliente que esperara un momento.

d) Su secretario le comunicó que no había recibido ninguna llamada y que ya había efectuado las que le encargó.

e) No pudieron atender la llamada. Cuando descolgaron ya habían colgado el teléfono.

SOCIOCULTURAL

1. Tras escuchar las indicaciones de la grabación, responda a estas preguntas:

a) Al atender una llamada, es importante identificarnos dando el nombre de la empresa, para que el/la interlocutor/-a tenga la certeza de que ha llamado al número correcto.

b) Debemos anotar la identificación de la empresa y del/de la interlocutor/-a, básicamente, para no confundirlo durante la conversación y no equivocarnos de identidad al pasar la comunicación.

c) Nunca se debe pasar una llamada si no se ha identificado al/a la interlocutor/-a y no se conoce el motivo.

2. Después de oír la grabación, relacione las expresiones de la columna 2 con sus equivalentes de las columnas 1 y 3:

2. INFORMALES
1. *Espere un segundín.*
2. *¿Quién la llama?*
3. *¿Para qué ha llamado?*
4. *Tengo que hablar con...*
5. *¡Ya lo tiene al aparato!*

3. En la parte de la conversación que se transcribe aquí, están las frases correspondientes a la operadora de la empresa Costasol. Ud. quiere saber el nombre de la persona responsable de compras de dicha empresa, para remitirle información personalizada por correo sobre la oferta de lanzamiento de uno de sus productos. (Empresa: Toldos Marbella. Producto: Parasoles.) Complete la conversación con sus propias palabras.

❖ **Costasol. Buenas tardes.**

◆ *Buenas tardes, soy Raúl San José, de la empresa Toldos Marbella.*
Quisiéramos remitirles información detallada de nuestros productos, dado que tenemos una oferta especial con motivo del lanzamiento de unos parasoles de playa, de una alta calidad y a unos precios muy competitivos.
¿Podría indicarme a quién debo dirigir esta información?

❖ **Envíelo a la atención del Departamento de Compras, por favor.**

◆ *¿Sería tan amable de facilitarme el nombre de la persona responsable de ese departamento?*

❖ **Sí, remítalo a la atención de la Sra. Elvira González Rodríguez, Directora de Compras.**

◆ *¿Le importaría confirmarme su dirección?*

❖ **Tome nota: Calle Argentales, número 16. Código Postal 2-8-0-0-7 de Madrid.**

◆ *Gracias por su amabilidad.*

❖ **Gracias a Uds. por su llamada. Buenas tardes.**

transcripciones

CASO PRÁCTICO 2: Atención y desvío de llamadas

PREPARACIÓN PARA LA CARPETA DE PRÁCTICAS

1. Escuche atentamente y extraiga las expresiones utilizadas para cada acto comunicativo.

Grabación 1 (Modelo). (Véase pág. 24.)

Grabación 2:

Llama a la Sra. Blanco y no saben dónde se encuentra. Deja el recado de que se ponga en contacto con Ud.

...
- Lo siento, pero la Sra. Blanco no está localizable en estos momentos. ¿Desea dejarle algún mensaje o recado?
- Sí, por favor. ¿Le importaría decirle que se ponga en contacto conmigo en esta misma mañana? Es un asunto urgente.
- ¿Sería tan amable de facilitarme su número de teléfono?
- Sí, que me llame a mi domicilio particular, al 691 95 42.
- De acuerdo, en cuanto la localice se lo notificaré.
...

Grabación 3:

Intente averiguar en qué fecha regresará el señor Gutiérrez de su viaje de negocios.

...
- Lo lamento, el Sr. Gutiérrez está de viaje y continuará ausente durante una temporada. Si le interesa puedo ponerle en contacto con alguno de sus colaboradores.
- No, gracias. ¿Sabría indicarme sobre qué fecha regresará?
- Es probable que para primeros de mes ya haya regresado.
- Bien, volveré a llamar entonces. Gracias por su amabilidad.
...

2. Deje constancia de los mensajes de la grabación utilizando el siguiente modelo de notas. Basándose en él, comuníquele el mensaje a su destinatario/a por teléfono.

Grabación 1: Mensaje de la Srta. Díaz a un amigo.
"...Dígale que le ha llamada su amiga Susana Díaz. Que me llame al teléfono de mi oficina en la calle Serrano, el 535 78 96. Estaré allí hasta las cuatro. Si no puede llamarme antes de esa hora, dígale que le telefonearé sobre las seis a su despacho. Por favor, no olvide indicarle que es urgente. Gracias."
Grabación 2: Mensaje para comunicar el aplazamiento de una reunión.
"Comuníquele que la reunión con los directivos de La Luminosa ha sido aplazada a la próxima semana. Se celebrará el próximo miércoles, a las 10 de la mañana, en el Hotel Villamagna. No obstante le remitiré por correo electrónico todos los detalles."

3. Escuche las grabaciones y anote las expresiones utilizadas para indicar espera (E) y para pedir disculpas (D).

1. - Necesito hablar con el Sr. Vázquez.
   - Lo lamento, en estos momentos está en una reunión. ¿Le importaría llamar más tarde?
2. - Señorita, ¿van a tardar mucho en atender mi llamada?
   - Todas las líneas están ocupadas. Le ruego permanezca a la escucha. Tan pronto nos sea posible le atenderemos.
3. - ¿El Sr. Barroso?
   - No se retire, por favor, le paso con su secretaria.

4. - Sra. Soler, le ruego disculpe que la espera se prolongue, si lo prefiere la llamo en cuanto el Sr. López esté disponible.

5. - Nuestro deseo es atenderle con prontitud, pero en estos momentos todos nuestros comerciales están ocupados. Le aconsejamos llame dentro de unos minutos.

4. De la conversación entre la Srta. Miró y el Sr. Blanco, de la siguiente grabación, extraiga todas las fórmulas interrogativas que se han utilizado para solicitar los datos precisos para tomar nota de un mensaje.

- Entonces, ¿podría dejarle mi número de teléfono para que me llame cuando acabe la reunión?
- Sí, ¿me dice su número de teléfono, por favor?
- Es el 653 89 12.
- ¿De Madrid?
- No, de Valencia.
- ¿Puede repetirme el nombre de su empresa?
- Dalsa. D-A-L-S-A.
- ¿Sobre qué asunto le indico que deseaba tratar?
- Es referente al nuevo crédito solicitado.
- ¿Hasta qué hora puede localizarle en este teléfono?
- Hasta las 4 de la tarde.

5. Escuche la grabación y luego resuma oralmente el contenido de los mensajes siguientes, utilizando alguna de estas estructuras.

MENSAJE 1: Del Sr. Tuten al Sr. Marcos.
"El mensaje es para el Sr. Marcos, del Departamento Comercial, de parte del Sr. Tuten, de Mármol, S.A. Estoy en el Hotel Castilla, habitación 214, teléfono 505 05 05. Regreso a Montevideo mañana por la tarde. Estoy interesado en mantener una entrevista con Ud. antes de regresar. Si le es posible, le ruego se ponga en contacto conmigo. Un cordial saludo".

MENSAJE 2: Del Sr. Pérez a la Srta. González.
"Mensaje para Antonia González, teléfono 429 29 29. La llamo del Departamento de Personal de Informática y Consulting. Si posee disponibilidad de mañana durante un periodo de tres meses y desea participar en un programa de formación sobre "Internet" que se desarrollará en sucursales bancarias por todo el territorio nacional, póngase en contacto con el Sr. Pérez, antes de las 19 horas del viernes 14 de Agosto, en el teléfono 453 23 32. Gracias".

MENSAJE 3: De Consuelo a Javier.
"Hola, Javier. Soy Consuelo. Te llamo para comunicarte la anulación de la reunión del departamento prevista para este viernes. En cuanto te sea posible llámame y te comunicaré los detalles. Hasta pronto".

SOCIOCULTURAL

1. Tras escuchar en la grabación las indicaciones, responda a estas preguntas:

a) El dar una excusa general (no está aquí, está ocupado/a) evita dar información sobre la actividad o localización del personal de la empresa a personas ajenas a la misma.

b) Si tenemos que hacer esperar al teléfono a un/-a cliente/a durante un periodo de tiempo prolongado, es conveniente retomar cada cierto tiempo la llamada y dirigirnos a él/ella con términos similares a: -No se retire, por favor. -Continúe a la espera. -Enseguida le atendemos...

c) Si dejamos un mensaje, ha de ser breve y conciso. Nunca debemos olvidarnos de dejar nuestra identificación y los medios para que puedan ponerse en contacto con nosotros (dirección, fax, teléfono).

transcripciones

2. Después de oír la grabación, relacione las expresiones de la columna 2 con sus equivalentes de las columnas 1 y 3.

> **2.- INFORMALES**
> *1. Dígale que me llame.*
> *2. No sé dónde está.*
> *3. Soy Helena, ya me conoce.*
> *4. Le repito que no puede atenderle.*
> *5. ¿Sabe si vendrá pronto?*
> *6. Se ha ido ahora mismo.*

3. Teniendo en cuenta que la información dada ha de ir de lo general a lo concreto, en función de la proximidad profesional de la persona que llama, determine a quién va dirigida cada una de las siguientes respuestas.

1. Lo siento, en estas fechas está muy ocupada y le va a ser imposible atenderle. Le ruego que nos remita por correo la información sobre sus productos.
2. No, aún no ha regresado. Te paso con su secretaria, que está en contacto telefónico diario con él, ella le transmitirá el mensaje.
3. No. Le recuerdo, Sr. Prado, que hasta el miércoles de la próxima semana se encuentra en Valladolid, en el Hotel Los Comuneros, en la reunión anual de delegados provinciales. Inmediatamente le dejaré el mensaje de que se ponga en contacto con Ud.
4. Lamentablemente no puede atenderle en este momento. No obstante le paso con el Sr. Narváez, responsable de estos temas en su ausencia y que le atenderá gustosamente.
5. Hasta dentro de unos diez días no estará de regreso. No se preocupe, le saludaré de su parte y le dejaré el recado de que le ha llamado.

CASO PRÁCTICO 3: Dificultades de comunicación

PREPARACIÓN PARA LA CARPETA DE PRÁCTICAS

1. Escuche atentamente y conteste a las siguientes preguntas:

Grabaciones 1 y 2 (Modelos A y B). (Véase pág. 34.)

Grabación 3:

...
- Disculpe, tengo dudas sobre el importe total de la factura que me indica. ¿Puede repetírmelo?
- Sí, el importe total asciende a 2.700.000 pts. y está todo incluido.
- ¿Qué quiere decir exactamente con "todo"?
- Que están incluidos la mano de obra, los materiales, el transporte y los impuestos.
- Cuando dice los impuestos, quiere decir el IVA, ¿no?
- Efectivamente.
- Entonces, si le he comprendido bien, Ud. desea que el responsable de contabilidad le atienda para dar solución al cobro de esta factura, ¿no es así?
- Lo ha comprendido perfectamente.
- Muy bien, disculpe un momento.
...

transcripciones

Grabación 4:

- ¿Gestoría Gesa?
- ¿Perdón?
- ¿Es la Gestoría Gesa?
- No. Lo siento, se ha equivocado.
- ¿No es el 456 78 90?
- No.
- He debido de confundirme al marcar. Disculpe.
- No se preocupe. Adiós.

2. De las grabaciones siguientes, extraiga las expresiones que se utilizan para comprobar que nos han comprendido, comprobar que hemos comprendido y confirmar que se ha comprendido. A continuación, puede añadir otras que conozca.

1.- Me ha dicho que llama Ud. del periódico *Planeta*, ¿verdad?
2.- Sí, sí, he tomado perfectamente nota. Mañana a las 16.00 horas.
3.- ¿Ha anotado el número de teléfono o desea que se lo repita?
4.- ¿Está claro cuál va a ser el orden del día?
5.- Si me lo permite, voy a repetirlo: vuelo IB-3724, procedente de París, con llegada a las 13:30.
6.- De acuerdo. Lo he comprendido, no se permitirá la entrada a los que no sean socios.
7.- Desea que le llame a su domicilio, ¿no es así?
8.- Efectivamente, así es, no estará hasta el día 15.
9.- Deberá presentar por escrito un informe detallado del incidente, ¿lo ha entendido?

3. En esta grabación se han cruzado tres llamadas telefónicas. Identifique cada una de ellas, indicando interlocutores/as, asunto de la llamada y manifestación de dificultades:

Sr. Atienza:	Mira, Carmen, lo mejor será aplazar la reunión para el lunes. Tendremos más datos sobre la repercusión de la campaña publicitaria televisiva.
Carmen:	Sí, quizás sea lo más lógico.
Pepa:	¿Sí, dígame?
Carmen:	¿Oye?
Fontanero:	¿Han dejado Uds. un aviso de fontanería?
Sr. Atienza:	¿Carmen?
Agencia de viajes:	¿Dígame?
Fontanero:	¿Oiga?, ¿qué pasa?
Luisa:	¿Se puede poner la Srta. María, del Departamento de Reservas?
Carmen:	Atienza, creo que se han cruzado varias líneas, te llamo más tarde, ¿vale?
Agencia:	Sí, espere un momento.
Pepa:	Mire, hemos tenido una avería en la ducha y hemos inundado el piso de abajo. ¿Podría venir urgentemente?
María:	Dime, Luisa, ¿qué deseas?
Sr. Atienza:	Oye, Carmen, se oye fatal. Te llamo luego. (Cuelga.)
Fontanero:	Hable más alto, que no la entiendo nada.
Carmen:	Atienza, ¿me oyes?... Bueno... (Cuelga.)
Luisa:	¡Qué jaleo! Cuelgo y te vuelvo a llamar, ¿vale?
Pepa:	Que si puede venir urgentemente.
María:	Vale. Hasta luego. (Cuelga.)
Fontanero:	¿Oiga? ¿Está ahí?
Luisa:	Hasta luego. (Cuelga.)
Pepa:	Por fin se oye bien. Mire, que si puede venir urgentemente para reparar la avería de la ducha...

transcripciones

1. Tras escuchar las indicaciones de la grabación, responda a estas preguntas:

a) Las dos formas más habituales de reformular un mensaje para confirmar su comprensión son:
   - Repetir los puntos más importantes con las palabras claves empleadas por el/la interlocutor/-a.
   - Formular el mensaje usando las propias palabras.
b) Ante los problemas personales que dificulten la comunicación, no hay que exagerar las disculpas. Para ello se evitará:
   - Utilizar exclamaciones.
   - Repetir con insistencia las disculpas.
c) Al finalizar una conversación telefónica no debemos tener ninguna duda de que:
   - Hemos comprendido lo que nos han querido transmitir.
   - Han entendido lo que les queríamos decir.

2. Después de oír la grabación, relacione las expresiones de la columna 2 con sus equivalentes de las columnas 1 y 3.

2. INFORMALES
1. *¿Ya me oye bien?*
2. *Estoy un poco resfriada, disculpe.*
3. *Perdón, ¿cuál es su nombre?*
4. *No hable tan rápido, por favor.*
5. *No me ha quedado muy claro...*

CASO PRÁCTICO 4: Fijación de una cita

PREPARACIÓN PARA LA CARPETA DE PRÁCTICAS

1. Escuche atentamente las grabaciones y extraiga las expresiones utilizadas para cada acto comunicativo.

Grabación 1 (Modelo). (Véase pág. 44.)

Grabación 2:

La Srta. Marcos ha recibido un mensaje del Sr. Martín indicándole que se pusiera en contacto con él para concretar los datos de una entrevista. Le llama a su oficina.
- Ensidersa, buenos días.
- Buenos días. ¿Podría ponerme con la extensión 441, por favor?
- Un momento.
   ...
- ¿Sr. Martín?
- ¿Sí? ¿Dígame?
- Buenos días, soy la Srta. Marcos, de Garamond.
- Hola, Srta. Marcos. ¿Ha recibido usted mi mensaje?
- Sí, por eso le llamo, para saber cuándo podríamos concertar la fecha de la reunión y así poder intercambiar puntos de vista sobre el tema.
- Podemos quedar, si no tiene ningún inconveniente, mañana mismo a las doce y media en mi oficina.
- Sí, me parece perfecto, estaré en su despacho a las doce y media. Gracias y hasta mañana, Sr. Martín.
- Encantado de hablar con usted, Srta. Marcos.

transcripciones

Grabación 3:

La Srta. Ibarra llama a su secretario para transmitirle las llamadas que debe efectuar a lo largo de la mañana. Deberá comunicar a diferentes clientes la imposibilidad de concederles una entrevista, o bien anular citas.
- ¿Sr. Alvarado?
- ¿Sí, Srta. Ibarra?
- Me gustaría que a lo largo de la mañana realizara algunas llamadas.
- Tomo nota, dígame.
- Póngase en contacto con el Sr. Benítez, de Suministros Altor, y comuníquele que siento tener que anular la entrevista que teníamos previsto celebrar con él el día 23 , ya que no ha sido aprobado el proyecto y quedan suspendidos momentáneamente todos los pedidos con él relacionados. Dígale que me pondré, en breve, en contacto con él.
- De acuerdo.
- Llame, también, al Director de Ventas y transmítale la imposibilidad de mantener la fecha del 15 de Abril para la reunión con la Dirección. Han surgido retrasos en la elaboración de los informes de algunas provincias. Le solicita que nos sugiera otra fecha para su celebración a partir del día 25 y le presenta mis disculpas por este imprevisto.
- Sí. ¿Alguna llamada más, Srta. Ibarra?
- A la Srta. Sevillano, de Parafoning, dígale que hemos recibido el informe de su empresa que nos envió y que serán tenidos en cuenta en futuras campañas. De momento, no es necesario concertar una cita, ya nos pondremos en contacto con ellos si precisamos de sus servicios.
- Bien, aunque le ruego me pase el teléfono de la Srta. Sevillano, no lo tengo registrado en mi agenda.
- Ahora mismo se lo mando por correo electrónico.
- Gracias.
- Hasta luego.

2. Escuche la grabación y responda a estas preguntas:

- Importaciones Ibéricas, buenos días.
- Buenos días. ¿Sería tan amable de ponerme con el Sr. Méndez?
- ¿De parte de quién?
- De María Sánchez, secretaria de la Sra. Velasco, de Industrias Pintado.
- Espere un momento, por favor.
  ...
- Srta. Sánchez, la pongo con el Sr. Méndez.
- ¿Sí, dígame?
- ¿Sr. Méndez?
- Sí, la escucho.
- Le llamo de parte de la Sra. Velasco, de Industrias Pintado.
- ¡Ah, sí!, ¿ya ha regresado de su viaje a Brasil?
- Aún no. Regresa el día 10. Precisamente le llamo porque quiere comentar con Ud. los resultados obtenidos, y desea saber si podrían fijar una entrevista para el lunes día 13, preferentemente por la mañana.
- Un momento, que se lo confirmo. Sí, tendría que ser a las 11:30, ya que me es imposible anular los compromisos adquiridos hasta esa hora.
- Podría desplazarse Ud. a nuestra sede?
- Preferiría, si le es posible, que se desplazara la Sra. Velasco a nuestras oficinas, porque a las 13:00 horas tengo una reunión importante aquí. Si no, sería preferible aplazarla para el martes 14 a las 10:30 de la mañana.
- Bien, de acuerdo. En principio le confirmo la reunión para el lunes 13 a las 11:30 horas en sus oficinas. Si hubiera algún inconveniente por parte de la Sra. Velasco, se lo comunicaría inmediatamente.
- Muy bien. ¿Conoce nuestra dirección?
- Calle Princesa, 15, ¿no?
- Efectivamente.
- Buenos días, Sr. Méndez, y muchas gracias.
- Gracias a usted. Buenos días.

3. Escuche la siguiente grabación y a continuación rellene la tabla, indicando de qué verbo es sinónimo cada uno de los mencionados:

Concertar, suprimir, ratificarse, convenir, posponer, requerir, comprobar, proporcionar, retrasar, concretar, pedir, suspender, atender, asegurarse, cancelar, establecer, otorgar.

SOCIOCULTURAL

1. Escuche las indicaciones de la cinta y después responda a estas preguntas:

a) *Dar hora* y *solicitar hora* son expresiones reservadas a consultas de profesionales y especialistas.
b) Al concertar citas comerciales, se debe formular inmediatamente la idea básica, que ha de ser clara y concreta, y se deben resaltar los aspectos positivos que reportará la relación comercial que se pretende establecer.
c) Ante la imposibilidad de cumplir con un compromiso es primordial comunicarlo con la máxima antelación posible y hacerlo con diplomacia, excusándose y dando justificaciones coherentes, sin recurrir a hechos catastróficos.
d) La persona responsable de una agenda ha de tener presentes, entre otras, las siguientes obligaciones básicas:
 - Anotar inmediatamente las citas, especificando detalladamente todos los extremos.
 - Comprobar y recordar diariamente las citas, visitas y compromisos.
 - Confirmar con la persona interesada todas las citas acordadas durante su ausencia.

2. Escuche la grabación y luego relacione las expresiones de la grabación (correspondientes a la columna 2) con sus equivalentes de las columnas 1 y 3.

2. INFORMALES
1. ¿Cuándo podríamos vernos?
2. El día 15 no me viene bien.
3. ¿Puede darme una cita?
4. Para hablar sobre el tema.
5. No concede citas.

transcripciones

PROYECTO 1: Viajes de negocios

PARA ESCUCHAR

En las siguientes grabaciones se dan informaciones, así como se realizan, modifican y anulan reservas de acomodación y transporte:
• Haga una relación de las estructuras y expresiones utilizadas.
• Utilícelas como base para el resto de ejercicios propuestos.

Grabación 1:

A Gaspar le han encargado que obtenga información de las características de un hotel del centro de la ciudad de Madrid. Llama a Madrid y solicita la siguiente información:

...
- ¿Está bien situado?
- Sí, es un hotel moderno que está en las inmediaciones de la Puerta del Sol. Muy próximo al lugar de la convención. Está muy bien comunicado, tanto por el metro como por los autobuses, con el resto de la ciudad.
- ¿Sus habitaciones son confortables y amplias?
- Disponen de un cuarto de baño completo, una zona de descanso con cama doble y mesa de trabajo, y una zona de recepción con cómodos sofás, TV vía satélite, teléfono y minibar.
- ¿De qué servicios dispone el hotel?
- Posee un servicio de habitaciones desde las 6:30 a las 23:00 horas. Ofrece los servicios de desayuno tipo buffet, restaurante y bar. También cuenta con sauna, solarium, gimnasio, masajes, piscina, garaje y tiendas de regalos.
- ¿Qué tiempo suele hacer en esta época?
- Ahora tenemos temperaturas muy agradables, que suelen oscilar entre los 15 y 30 grados. Si desean visitar la sierra madrileña, les aconsejo que traigan prendas de lluvia y abrigo.

Grabación 2:

Sara tiene que organizar un viaje rápido en tren para 12 personas, pero, dado que no es seguro, debe informarse bien de las condiciones en caso de anulación:

...
- ¿Podría decirme si el tren de alta velocidad, el AVE, cubre el trayecto Madrid-Málaga?
- Sí, circula todos los días, de lunes a domingo.
- ¿Tienen algún tipo de descuento para grupos de más de 10 personas?
- Efectivamente, se aplica un 15% sobre la tarifa general, aunque los billetes deben adquirirse al menos el día anterior a la fecha del viaje.
- ¿Se admite algún cambio?
- No, pero sí la anulación total de los billetes.
- Y sobre los billetes individuales, ¿son las mismas condiciones?
- No, puede anular su billete hasta 5 minutos antes de la salida del tren, con el 15% de los gastos, y si lo desea, puede cambiarlo para otro día con el 10% de descuento.
- ¿Puedo realizar la reserva por teléfono?
- Sí, y si lo desea se lo entregamos en su domicilio, en cuyo caso tendría que abonar aproximadamente 900 pts. en concepto de envío.

Grabación 3:

Beatriz tenía previsto un viaje a Japón que se ve obligada a retrasar. Encarga a Laura que le cambie el billete para otro día.

...
- Quería cambiar la fecha de una reserva para viajar a Tokio.
- Sí, dígame a nombre de quién está la reserva.
- A nombre de la Srta. Beatriz Pastor.
- Era a Tokio, el día 23 de mayo, ¿no?
- Efectivamente.
- Dígame para qué nueva fecha sería la ida...
- Para el 15 de junio.
- ¿La ciudad de origen sería también Madrid?
- Sí.

- ¿Para cuándo tiene previsto el regreso?
- Para el 23 de junio.
- En la fecha indicada, para la ida tiene únicamente en Gran Clase. Es el vuelo IB6711, con hora de salida a las 12:35 y hora de llegada a las 10:55.
- De acuerdo, páseme la reserva a esa fecha.
- El regreso para el día 23 de junio, miércoles, sería en el vuelo IB6710, con salida a las 12:55 y llegada a las 21:50. Dispone de plazas en las tres clases: Gran Clase, Negocios y Económica.
- ¿Podría indicarme los precios del billete de ida y vuelta en Gran Clase?
- El precio de ida y vuelta en Gran Clase es de 1.048.300 pesetas.
- ¿Sabe cuánto sería en dólares EE.UU?
- Serían 7.170$.
- Bien. Resérveme también el regreso. ¿Se puede solicitar el asiento de nuestra preferencia?, a la Srta. Pastor le gusta el asiento de ventanilla.
- Siempre que haya disponibilidad, por supuesto que sí.

Grabación 4:

El Señor Luis Alfredo Rojo llama a la conserjería del hotel para reservar el servicio de traslado al aeropuerto.
- Recepción, dígame.
- Soy el señor Rojo, de la habitación 456.
- ¿En qué puedo servirle?
- Deseo saber si es posible realizar la reserva del servicio de traslado al aeropuerto por teléfono.
- Sí, por supuesto. ¿Para cuándo deseaba reservarlo?
- Para mañana por la mañana, a las 8.
- ¿Para qué vuelo y a qué hora es el vuelo?
- Es el vuelo HI-3456, de las 9:30 h.
- En el caso de que otras personas soliciten este servicio a la misma hora, ¿tendría inconveniente en compartir el traslado?, le resultaría un poco más económico.
- No, gracias, deseo hacer el traslado solo. ¿Cuál es el importe del servicio, por favor?
- 5.000 pts., donde están incluidas la recogida en la recepción del hotel y la parada en la terminal correspondiente. Todos los coches están equipados con aire acondicionado y teléfono y le garantizamos un máximo de tres paradas.
- De acuerdo. Muchas gracias.
- A ud., Sr. Rojo, y le rogamos no olvide confirmar su hora de recogida en recepción.

Grabación 5:

Ana llama a Chema, empleado de la agencia de viajes, para reservar plaza en un vuelo a Berlín para Ángela (directiva de la empresa).
- ¡Hola, Chema!, deseo reservar un billete de avión para Berlín, ¿puedes atenderme ahora?
- Sí, dime, Ana, ¿para cuándo sería?
- Para el 14 de Mayo.
- ¿Cuándo sería el regreso?
- El 20 de mayo.
- Un momento. Mira, hay un vuelo de ida y vuelta con Liberia que coincide con esas fechas y que tiene una tarifa especial. Costaría 60.000 pts.
- ¿Piensas que es el más idóneo?
- El precio es económico, si tienes en cuenta que incluye el traslado al aeropuerto, el seguro de viaje y el alojamiento en el hotel durante un mínimo de cinco noches.
- ¿El hotel es bueno?, ya sabes cómo es Ángela con los hoteles.
- Es un hotel de tres estrellas, situado en el corazón de la ciudad y muy próximo al Centro de Congresos. Seguro que le gustará.
- ¿Cuánto dura el vuelo?
- Aproximadamente 3 horas.
- Bien, entonces resérvame una plaza en Clase de Negocios. Cárgalo en nuestra cuenta y envíanos el billete a nuestra sede. Ponlo a nombre de Román González Rodríguez.
- De acuerdo. ¿Necesitas alguna cosa más?
- No, gracias, Chema. Adiós.
- Hasta luego.

transcripciones

PROYECTO 2: Información y compra/venta por teléfono

PARA ESCUCHAR

Escuche dos o tres veces la siguiente grabación, donde se informa de la celebración de unas ferias en Madrid. Después formule las preguntas correspondientes a las respuestas que tiene más abajo.

FEMA
FERIA DE MADRID
Semana Internacional del Regalo, Joyería y Bisutería
Del 14 al 23 de Diciembre

- INTERREGALO: Salón Internacional del Regalo. 1.091 expositores.
- INTERJOYA: Salón Internacional de la Joyería, Platería y Bisutería. 338 expositores.
- BISUTE: Salón de la Bisutería y Complementos. 277 expositores.

Horario: de 10 a 20.
Sólo profesionales.

1.706 expositores
2.800 marcas
130.000 m^2 brutos

Transporte gratuito: L1 (Aeropuerto-Fema-Aeropuerto)

EN EL PARQUE FERIAL JUAN CARLOS I
Información en el teléfono 91 791 95 42, en el fax 91 791 95 43, o en las páginas WEB www.bisute.fema.es, www.interregalo.fema.es y www.interjoya.fema.es

P.: ¿Cómo se denomina el Salón Internacional del Regalo?
R.: Se denomina Interregalo.

P.: ¿Qué día empieza la Semana Internacional del Regalo, Joyería y Bisutería?
R.: El 14 de diciembre.
P.: ¿En qué recinto se celebra?
R.: En el Parque Ferial Juan Carlos I.

P.: ¿Cuántos expositores hay en Interjoya?
R.: 338.
P.: ¿Quiénes pueden asistir?
R.: Únicamente los profesionales.

P.: ¿Con qué fin se organiza Bisute?
R.: Para exponer productos de bisutería y complementos.
P.: ¿Qué extensión posee el recinto?
R.: 130.000 metros cuadrados.
P.: ¿Cómo se accede al recinto desde el aeropuerto?
R.: Desde el aeropuerto existe un transporte gratuito, la línea L1.
P.: ¿Dónde podría ampliar la información?
R.: Encontrará amplia información en la página WEB www.interjoya.fema.es

transcripciones

PROYECTO 3: Atención de las reclamaciones de los clientes

• Identifique en la grabación que escuchará a continuación la fase y los actos del esquema a los que se hace referencia. (Véase pág. 71.)

PARA ESCUCHAR

1. Basándose en las definiciones dadas a continuación, determine qué expresa cada una de las frases de la siguiente grabación.

1. ¡Exijo que me sustituyan, por una nueva, la fotocopiadora defectuosa!
2. El color del coche es bonito, pero algo más claro del que nos mostraron.
3. El tono empleado por su telefonista fue insultante.
4. Deberían ustedes habernos notificado con anterioridad el traslado de sus oficinas.
5. Les recomiendo que cuiden la selección de sus profesores. Dejan mucho que desear.
6. En mi opinión, la calidad de sus productos es buena, pero resultan un poco caros.
7. ¡Dada su falta de seriedad, les exijo que me devuelvan mi dinero!
8. Podrían haber especificado que no estaban incluidos los accesorios que aparecen en la publicidad...
9. Estoy harta de sus continuos incumplimientos y deseo cancelar el contrato.
10. ¡Espero que la próxima vez, antes de reclamarme el pago, lo compruebe en su banco!

2. Escuche con atención las frases siguientes y clasifíquelas según indiquen interés o deseo de solucionar el problema, comprensión hacia las razones del/de la cliente/a, garantías de estudio del caso, manifestación de pesar por los hechos o desacuerdo:

1. Sé lo que Ud. quiere decir y sin duda alguna está Ud. en lo cierto.
2. Sentimos mucho no haberle atendido como Ud. se merece y le pido acepte nuestras disculpas.
3. ¿En qué puedo ayudarle?
4. Comprendo su punto de vista, pero las averías provocadas por un uso indebido anulan la garantía.
5. Le prometo ocuparme personalmente del asunto.
6. Reconozco que no comparto su punto de vista y que así no podremos llegar a un acuerdo.
7. Me hago cargo de su enfado e inmediatamente vamos a hacer lo posible por aclarar este suceso.
8. Estamos siempre a su disposición. No dude en llamarnos de nuevo cuando nos necesite.
9. ¿Podría recordarme los detalles del asunto? ¿Sabe el nombre de la persona que le atendió?
10. Con mucho gusto buscaré urgentemente una solución para su reclamación.
11. Puede tener la seguridad de que nos haremos responsables de todos los hechos que sean consecuencia directa de nuestra actuación.
12. Nuestros técnicos tendrán que verificar cómo ha podido ocurrir y cuando esto suceda les enviaremos el informe inmediatamente.
13. Quiero mostrar mi más profundo rechazo a sus acusaciones infundadas.
14. Creo que podremos llegar a un acuerdo satisfactorio para ambos.
15. Le ruego nos disculpe las molestias que le ha ocasionado este incidente.

3. A continuación escuchará tres conversaciones. Cada una de ellas hace referencia a uno de estos tres supuestos:

El Sr. Pérez le comunica la aceptación total de la reclamación económica.
El Sr. Pérez le comunica la aceptación parcial de la reclamación económica.
El Sr. Pérez le comunica la denegación total de la reclamación económica.
Determine cuál corresponde a cada uno de los supuestos y extraiga los términos que indiquen admisión total o parcial de la reclamación, rechazo absoluto de la reclamación, acuerdo con la solución y descuerdo con la solución.

transcripciones

A:
- Sí, le comunico que ha sido admitido el reembolso de la cantidad abonada por el envío, como se especifica en el contrato, pero lamentablemente no podemos aceptar su reclamación sobre el pago de los gastos de alquiler de los equipos, ya que consideramos que está fuera de nuestras obligaciones, al no comunicarnos su decisión. ¿No lo cree usted así?
- Comprendo su punto de vista y le agradezco que asuma lo estipulado en el contrato, pero le recuerdo que el envío se realizó con antelación suficiente y nos garantizaron reiteradamente por teléfono que lo tendríamos aquí en 48 horas. No puedo estar de acuerdo con esa decisión, y si su política es hacer promesas que luego no pueden cumplir, no contarán más con nuestra confianza y nos veremos obligados a prescindir de sus servicios.
- Sentimos sinceramente los perjuicios ocasionados y le garantizo que tomaremos las medidas necesarias para evitar que se vuelva a repetir. Le agradecemos la confianza que nos ha demostrado hasta este momento.
- Buenas tardes, ya volveré a ponerme en contacto con Ud.

B:
- Sí, tenemos que comunicarle que, sintiéndolo mucho, no podemos aceptar su reclamación. Comprendemos sus motivos y lamentamos que el retraso les haya causado inconvenientes, pero hemos llegado a la conclusión de que el error se debe fundamentalmente a la oficina de correos de la Compañía Nacional de Ferrocarriles, que se niega a asumir cualquier responsabilidad.
- No puedo aceptar eso de ningún modo. Nosotros les confiamos a ustedes el envío del material y fueron ustedes los que nos garantizaron que los recibiríamos en 48 horas. Les invito a que asuman ustedes sus compromisos y no intenten hacer responsables de sus errores a empresas que no vienen al caso, o nos obligarán a tomar las medidas legales pertinentes.
- Lo lamento, pero por nuestra parte, el tema queda zanjado. Lamentamos no poder llegar a un acuerdo satisfactorio, Sra. Fernández.
- No puede ser que me esté usted hablando en serio. ¡Es ridículo! Me parece que se están ustedes excediendo, y tendremos la ocasión de hablarlo en los tribunales.
- Respeto su decisión, Sra. Fernández. Un saludo. Buenas tardes.
- ¡Qué falta absoluta de seriedad y de profesionalidad!...

C:
- Sí, le comunico que ha sido admitida en su totalidad. Le será reembolsada la cantidad abonada por el envío y se le descontará de la cuenta que mantiene con nuestra empresa el importe del alquiler de los equipos. ¿Acepta este acuerdo?
- Creo que es una solución perfecta. Para nosotros el tema está terminado. Le agradezco, Sr. Pérez, el interés que ha puesto en el tema.
- Gracias a Ud. por utilizar nuestros servicios. Tenga la seguridad de que tomaremos medidas para evitar que vuelva a suceder un error semejante. Buenas tardes.
- Buenas tardes. Un saludo.

claves

INTRODUCCION

1. B. Director/-a General   3, 5
Agencia de viajes   4, 2
Compañero/a de trabajo   1, 6

4.   1-C / 2-L / 3-I / 4-K / 5-A / 6-J / 7-B / 8-D / 9-F / 10-H / 11-G / 12-E.

5.   Ejercicio de libre realización. Se recomienda la utilización de un diccionario.

6.   Diálogo 1: conferencia con cargo a terceras personas.
Diálogo 2: conferencia con hora predefinida.
Diálogo 3: conferencia a cobro revertido.
Diálogo 4: conferencias personales.

CASO PRÁCTICO 1: Elementos básicos de una llamada

Análisis del esquema: respuesta libre.

PREPARACIÓN PARA LA CARPETA DE PRÁCTICAS

1. RECEPCIÓN DE LA LLAMADA
Grabación 1: Grupo Alfa, buenos días. / ¿De parte de quién, por favor?
Grabación 2: Servinet, buenos días. Le atiende Ignacio Arribas. / Son ustedes el Centro de la Imagen, ¿verdad?
Grabación 3: Serrano y Asociados. Buenas tardes. / ¿A quién debo anunciar, por favor?

IDENTIFICACIÓN
Grabación 1: Deseo hablar con la Srta. Rodríguez, del Departamento de Contabilidad. / ¿Podría indicarme el motivo de su llamada?
Grabación 3: Necesito hablar con el Sr. García. / ¿Tendría inconveniente en anticiparme el asunto de su llamada?

DISTRIBUCIÓN
Grabación 1: Espere un instante, por favor. / ¿Srta. Rodríguez? / El Sr. Álvarez, de Iberimagen, desea hablar con Ud. a propósito de un presupuesto que había solicitado.
Grabación 2: No se retire, por favor, en un instante le atenderá nuestro servicio técnico.

PASO
Grabación 1: Sr. Álvarez, le pongo con la Srta. Rodríguez.
Grabación 3: ¿Sr. Peláez? / ¿Sería tan amable de volver a llamar en 10 minutos?, el Sr. García le podrá atender personalmente. / Gracias a usted. Buenas tardes.

claves

2. SALUDO: 1, 9, 14.
DESPEDIDA: 3, 5, 8, 10, 15.
IDENTIFICACIÓN: 4, 7, 11, 13.
FINALIDAD: 2, 6, 12, 16.

3. a) La operadora se opuso a pasarle la comunicación al negarse a identificarse y a indicarle el motivo de su llamada.

b) El interlocutor pidió que le dijeran que contactara con él.

c) La telefonista intentó localizar a la secretaria de la Sra. Bellido tras solicitar al cliente que esperara un momento.

d) Su secretaria le comunicó que no había recibido ninguna llamada y que ya había efectuado las que le encargó.

e) No pudieron atender la llamada. Cuando descolgaron ya habían colgado el teléfono.

SOCIOCULTURAL

1. Ver transcripción de pág. 81.

2. a, 3, III / b, 4, IV / c, 2, V / d, 1, I / e, 5, II.

3. Ver transcripción de pág. 81.

CARPETA DE PRÁCTICAS: Actividades de libre realización.

CARPETA DE GRAMÁTICA

b) 1. remitirle (laísmo) 5. serle (loísmo) 6. Le paso (loísmo) 7. haberle aclarado (laísmo) 9. lo necesito (leísmo) 10. Indíquele (laísmo) 11. Comuníquele (laísmo) 12. solicítale (laísmo) 13. le ha preguntado (laísmo) 15. Le han indicado (laísmo) 16. se lo han dado (leísmo) 17. Envíelo (leísmo) 18. me lo ha facilitado (leísmo) 20. Confirmárselo (leísmo).

c) 1. por 2. para 3. para 4. para 5. por 6. por 7. para 8. por 9. para 10. por 11. Por 12. por 13. Para 14. para 15. para 16. por 17. por 18. para 19. por 20. para 21. por 22. para 23. por 24. para 25. por.

CASO PRÁCTICO 2: Atención y desvío de llamadas

Análisis del esquema: respuesta libre.

PREPARACIÓN PARA LA CARPETA DE PRÁCTICAS

1. EXCUSARSE Y COMUNICAR LA CAUSA
Grabación 1: Lo lamento, pero el Sr. Marcos no puede atenderle en estos momentos. Tiene la línea ocupada.
Grabación 2: Lo siento, pero la Sra. Blanco no está localizable en estos momentos.
Grabación 3: Lo lamento, el Sr. Gutiérrez está de viaje y continuará ausente durante una temporada.

claves

PROPONER ALTERNATIVAS

Grabación 1: ¿Desea esperar unos instantes o prefiere dejar su teléfono y que él le llame? / De acuerdo, le pondré en contacto con el Sr. Marcos en cuanto esté libre la línea.

Grabación 2: ¿Desea dejarle algún mensaje o recado?

Grabación 3: Si le interesa puede ponerle en contacto con alguno de sus colaboradores. / ¿Sabría indicarme sobre qué fecha regresará?

DEJAR CONSTANCIA

Grabación 2: ¿Le importaría decirle que se ponga en contacto conmigo en esta misma mañana? Es un asunto urgente. / De acuerdo, en cuanto la localice se lo notificaré.

Grabación 3: Bien, volveré a llamar entonces. Gracias por su amabilidad.

2. Ejercicio de libre realización. Ver transcripción de pág. 82.

3. 2. Le ruego permanezca a la escucha (E). / Tan pronto nos sea posible le atenderemos (D).

3. No se retire, por favor, le paso con su secretaria (E).

4. Sra. Soler, le ruego disculpe que la espera se prolongue (D), si lo prefiere la llamo en cuanto el Sr. López esté disponible (E).

5. Nuestro deseo es atenderle con prontitud, pero en este momento todos nuestros comerciales están ocupados (D). / Le aconsejamos llame dentro de unos minutos (E).

4. – ¿... podría dejarle mi número de teléfono para que me llame cuando acabe la reunión?

– ¿... me dice su número de teléfono, por favor?

– ¿De Madrid?

– ¿Puede repetirme el nombre de su empresa?

– ¿Sobre qué asunto le indico que deseaba tratar?

– ¿Hasta qué hora puede localizarle en este teléfono?

5. Ejercicio de libre realización.

SOCIOCULTURAL

1. Ver transcripción de pág. 83.

2. a, 2, VI / b, 5, IV / c, 4, I / d, 1, II / e, 6, III / f, 3, V.

3. 1. Un vendedor.
2. Un/-a colaborador/-a interno/a.
3. Un superior.
4. Un cliente potencial.
5. Un/-a proveedor/-a habitual.

CARPETA DE PRÁCTICAS: Actividades de libre realización.

CARPETA DE GRAMÁTICA

b) 1. conceda 2. olvide 3. observemos 4. expliquéis 5. (que) pueda 6. digas 7. conozcan 8. contestara 9. comente 10. faltáramos 11. estén 12. vuelva 13. reciban 14. lleve 15. pudiera.

d) 1. termine 2. pueda 3. fuera 4. recibiera 5. sonaba 6. es 7. llegues 8. lea 9. supiera 10. identifiquen 11. terminó 12. podamos.

CASO PRÁCTICO 3: Dificultades de comunicación

Análisis del esquema: respuesta libre.

PREPARACIÓN PARA LA CARPETA DE PRÁCTICAS

1. a) Grabación 1 (Modelo A): Problemas de comprensión de un nombre (vocalización) y dudas acerca de la hora de una cita.

Grabación 2 (Modelo B): Problemas de audición (ruido) y de comprensión (escaso conocimiento de una lengua no materna).

Grabación 3: Problemas de desconocimiento de datos acerca del tema que se está tratando, así como dudas sobre el motivo de la llamada.

Grabación 4: Problemas humanos (error de marcado).

b) Grabación 1(A): Perdone, no he entendido bien, ¿podría deletrearme el nombre del hotel donde se celebrará la entrevista? / Disculpe, tampoco estoy segura de haber anotado bien la hora prevista de inicio de la reunión, ¿era a las 8:30 de la mañana, no?

Grabación 2(B): Perdone, pero existen unos ruidos que me hacen imposible entenderle. ¿Podría volver a efectuar la llamada? / Perfecto, pero no comprendo muy bien su idioma, ¿podría hablar un poco más despacio, por favor?

Grabación 3: Disculpe, tengo dudas sobre el importe total de la factura que me indica. ¿Puede repetírmelo? / ¿Qué quiere decir exactamente con "todo"? / Cuando dice los impuestos, quiere decir el IVA, ¿no? / Entonces, si le he comprendido bien, Ud. desea que el responsable de contabilidad le atienda para dar solución al cobro de esta factura, ¿no es así?

Grabación 4: ¿Es la Gestoría Gesa? / ¿No es el 456 78 90?
He debido de confundirme al marcar. Disculpe.

c) Grabación 1(A): Por supuesto, tome nota: Hotel P-I-R-Á-M-I-D-E-S. / Efectivamente, a las 8:30 de la mañana.

Grabación 2(B): Sí, por supuesto... ¿Ahora me oye mejor? / Sí, aunque su voz se sigue oyendo muy lejos, por lo que le rogaría que elevara el tono.

Grabación 3: Sí, el importe total asciende a 2.700.000 pts. y está todo incluido. / Que están incluidos la mano de obra, los materiales, el transporte y los impuestos. / Efectivamente. / Lo ha comprendido perfectamente.

Grabación 4: No. Lo siento, se ha equivocado. / No. / No se preocupe. Adiós.

2. Comprobar que

... nos han comprendido: ¿Desea que se lo repita? / ¿Está claro...? / ¿Lo ha entendido? / ¿Me ha comprendido? / ¿De acuerdo?

... hemos comprendido: ¿Verdad? / Si me lo permite, voy a repetirlo. / ¿No es así? / ¿Es esto? / ¿Lo he comprendido bien?

... se ha comprendido: Sí. / De acuerdo, lo ha comprendido. / Efectivamente, así es. / Sí, es exacto. / Lo ha entendido perfectamente.

Interlocutores/as	Asunto de la llamada	Manifestación de dificultades
3. a) Sr. Atienza y Carmen	Aplazamiento de una reunión	¿Oye? / ¿Carmen? / Atienza, creo que se han cruzado varias líneas, te llamo más tarde, ¿vale? / Oye, Carmen, se oye fatal. Te llamo luego. / Atienza, ¿me oyes?... Bueno...
b) Pepa y fontanero	Aviso de avería	¿Oiga?, ¿qué pasa? / Hable más alto, que no la entiendo nada. / ¿Oiga? ¿Está ahí?
c) Agencia de viajes, Luisa y María	Realización de unas reservas	¡Qué jaleo! Cuelgo y te vuelvo a llamar, ¿vale?

SOCIOCULTURAL

1. Ver transcripción de pág. 86.

2. a, 2, III / b, 4, V / c, 1, I / d, 5, II / e, 3, IV.

3. Para la realización de este ejercicio de respuesta libre, puede basarse en las expresiones empleadas para pedir disculpas y comunicar problemas, aparecidas a lo largo de la unidad.
Ej: Disculpe el ruido de fondo, pero estamos en obras y nos es imposible evitarlo.

CARPETA DE PRÁCTICAS: Actividades de libre realización.

CARPETA DE GRAMÁTICA

b) 1. es 2. es 3. es 4. estoy 5. es 6. Está 7. es 8. está 9. es 10. es 11. es 12. es 13. Es 14. estará.

d)
1. Espero que Ud sepa lo que quiero decir.
2. Espero que Ud. esté a favor de ello.
3. Espero que Ud. no esté en absoluto de acuerdo.
4. Espero que Ud. reconozca que estaba equivocado.
5. Espero que Ud. vea que no le queda más remedio que darme la razón.
6. Espero que, efectivamente, esté Ud. en lo cierto.
7. Espero que sea evidente para Ud. que sufre una confusión.
8. Espero que Ud. sepa que no comparto su punto de vista.
9. Espero que sepan que estoy muy disgustada con Uds.
10. Espero que Uds. estén dispuestos a arreglar el asunto como gente civilizada.
11. Espero que para Uds. el tema esté zanjado.
12. Espero que a Uds. no les parezca correcto que nos aumenten los impuestos.
13. Espero que Ud. no dude de mi palabra.
14. Espero que Uds. sepan que eso no es así y que hay una grave confusión.
15. Espero que Uds. hayan hecho todo lo posible por solucionar el problema.
16. Espero que Uds. consideren aceptable la propuesta de solución que les propongo.
17. Espero que Uds. no hayan intentado engañarme.
18. Espero que estén Uds. dispuestos a retirar sus acusaciones.
19. Espero que Uds. sepan perfectamente la gravedad de los hechos.
20. Espero que Uds. estén de acuerdo en devolverme mi dinero.

claves

CASO PRÁCTICO 4: Fijación de una cita

Análisis del esquema: respuesta libre.

PREPARACIÓN PARA LA CARPETA DE PRÁCTICAS

1. SOLICITUD DE UNA CITA

Grabación 1 (Modelo):
Le llamo del Departamento Financiero de Construcciones Torrecilla. Tenemos en proyecto la construcción de una nueva urbanización y estamos estudiando las condiciones concedidas por entidades financieras en los créditos hipotecarios. Con el propósito de conocer sus condiciones, quisiéramos concertar una entrevista con usted.

Grabación 2:
Sí, por eso le llamo, para saber cuándo podríamos concertar la fecha de la reunión y así poder intercambiar puntos de vista sobre el tema.

CONCESIÓN

Grabación 1:
Encantado de poder atenderles. Si me permite consultar la agenda, en un momento se lo confirmo. / Si a ustedes les parece bien, podríamos convenir una cita para el miércoles de la próxima semana. ¿Sería posible?

Grabación 2:
Podemos quedar, si no tiene ningún inconveniente, mañana mismo a las doce y media en mi oficina.

DENEGACIÓN

Grabación 3:
Póngase en contacto con el Sr. Benítez, de Suministros Altor, y comuníquele que siento tener que anular la entrevista que teníamos previsto celebrar con él el día 23, ya que no ha sido aprobado el proyecto y quedan suspendidos momentáneamente todos los pedidos con él relacionados.

MODIFICACIÓN

Grabación 1:
El próximo miércoles no puede asistir nuestro Director Financiero, ¿podría ser el jueves, día 17?

Grabación 3:
Llame, también, al Director de Ventas, y transmítale la imposibilidad de mantener la fecha del 15 de Abril para la reunión con la Dirección. Han surgido retrasos en la elaboración de los informes de algunas provincias. Le solicita que nos sugiera otra fecha para su celebración a partir del día 25 y le presenta mis disculpas por este imprevisto.

CONFIRMACIÓN

Grabación 1:
Entonces les espero el próximo jueves, a las 10, en nuestra oficina de la calle Laurel. Pregunten por mí en información y saldré a recibirles.

Grabación 2:
Sí, me parece perfecto, estaré en su despacho a las doce y media. Gracias y hasta mañana, Sr. Martín.

2. **a)** La Sra. Velasco solicita una cita con el Sr. Méndez.
   b) María Sánchez, la secretaria de la Sra. Velasco.
   c) Para comentar los resultados obtenidos en su viaje a Brasil.
   d) Para el lunes día 13, por la mañana.
   e) Porque tiene compromisos previos.
   f) En la sede de Importaciones Ibéricas.
   g) La imposibilidad de desplazamiento por parte de la Sra. Velasco el lunes 13.
   h) Si no, sería preferible aplazarla ... / En principio le confirmo la reunión... / Si hubiera algún inconveniente por parte de la Sra. Velasco, se lo comunicaría inmediatamente.

3. SOLICITAR: Requerir, pedir.
   FIJAR: Concertar, convenir, concretar, establecer.
   CONCEDER: Proporcionar, atender, otorgar.
   ANULAR: Suprimir, suspender, cancelar.
   APLAZAR: Posponer, retrasar.
   CONFIRMAR: Ratificarse, comprobar, asegurarse.

claves

SOCIOCULTURAL

1. Ver transcripción de pág. 88.

2. a, 3, IV / b, 4, I / c, 1, II / d, 2, V / e, 5, III.

3. Ejercicio de libre realización.

CARPETA DE PRÁCTICAS: Actividades de libre realización.

CARPETA DE GRAMÁTICA

b) 1. Puedo. Expresa nuestra disponibilidad. 2. Quiero. Manifiesta seguridad. / Querría. Expresa cortesía y deseo. 3. Agradezco. Manifiesta nuestro agradecimiento. 4. Sabe. Pregunta directa, referida al momento actual. 5. Deseo. Manifiesta seguridad. 6. Sería. Petición cortés al/a la interlocutor/-a. / Es. Pregunta directa. 7. Viene. Pregunta directa. / Vendría. Petición cortés al/a la interlocutor/-a. 8. Encontramos. Concretar con seguridad. 9. Permite. Implica solicitud cortés. 10. Parece. Implica solicitud cortés. 11. Dispone. Pregunta directa. / Dispondría. Petición cortés al/a la interlocutor/-a. 12. Es. Certeza. 13. Prefiero. Pregunta directa. Preferiría. Petición cortés al/a la interlocutor/-a. 14. Tiene. Certeza. 15. Hay. Certeza. 16. Acepto. Referido al momento actual, y expresando seguridad. 17. Es. La cortesía va implícita en "tan amable". 18. Comunico. Manifiesta seguridad. 19. Necesito. Pregunta directa. / Necesitaría. Petición cortés al/a la interlocutor/-a. 20. Prefiero. Manifiesta firmeza. 21. Importaría. Expresa cortesía.

d) 1. concedan 2. se hagan 3. está 4. ha sido 5. sea 6. tiene 7. impidan 8. está 9. cae 10. hubiera 11. superábamos 12. pueda 13. había podido 14. hablé 15. asistan 16. debemos 17. se aplazó 18. (te) cuenten 19. (te) pidan 20. quieras.

claves

PROYECTO 1: Viajes de negocios

Grabación 1. Información sobre un hotel:
– Ubicación.
– Comunicaciones.
– Habitaciones:
   - Comodidad.
   - Distribución.
   - Servicios de comunicación: teléfono, fax, módem...
– Servicios suplementarios:
   - Servicio de habitación.
   - Comidas.
   - Salud y deporte.
   - Compras.
– Climatología.

Grabación 2. Condiciones en caso de anulación de un viaje:
– Confirmación de trayecto.
– Información sobre tarifas y descuentos.
– Condiciones en caso de anulación.
– Formas de reserva y entrega.

Grabación 3. Cambio de fecha de una reserva de avión:
– Comunicación del hecho.
– Confirmación de los detalles de la reserva:
   - Titular, destino y fecha.
– Consulta y decisión de nuevos detalles:
   - Fecha de salida y regreso, ciudad de origen...
   - Disponibilidad de vuelos, clases y precios.
   - Preferencias.

Grabación 4. Reservar el servicio de traslado al aeropuerto:
– Identificación (personal y de habitación).
– Solicitud del servicio por teléfono:
   - Fecha, hora y vuelo.
   - Modalidad (individual/compartida) y precio.
   - Confirmación de la reserva.

Grabación 5. Reserva de plaza en un vuelo a Berlín:
– Solicitud de reserva.
– Confirmación de datos:
   - Fecha de ida y regreso.
   - Vuelos, precios y horarios.
   - Descripción de los servicios y características del hotel.
   - Confirmación de la reserva, forma de pago y titularidad.

claves

INFORMACIÓN

INTERROGATIVAS	AFIRMATIVAS
¿Está bien situado? / ¿Sus habitaciones son confortables y amplias? / ¿De qué servicios dispone el hotel? / ¿Qué tiempo suele hacer en esta época? / ¿Podría decirme si el tren de alta velocidad, el AVE, cubre el trayecto Madrid-Málaga? / ¿Tiene algún tipo de descuento para grupos de más de 10 personas? / ¿Podría indicarme los precios del billete de ida y vuelta en Gran Clase? / ¿Cuál es el importe del servicio, por favor? / ¿Piensas que es el más idóneo? / ¿El hotel es bueno? / ¿Cuánto dura el vuelo?	Sí, es un hotel moderno que está en las inmediaciones de la Puerta del Sol. / Disponen de cuarto de baño completo, una zona de descanso con cama doble y mesa de trabajo, y una zona de recepción con cómodos sofás, TV vía satélite, teléfono y minibar. / Posee un servicio de habitaciones desde las 6:30 a las 23:00 horas. Ofrece los servicios de desayuno tipo buffet, restaurante y bar. También cuenta con sauna, solarium, gimnasio, masajes, piscina, garaje y tiendas de regalos. / Ahora tenemos temperaturas muy agradables, que suelen oscilar entre los 15 y 30 grados. / Sí, circula todos los días, de lunes a domingo. / Efectivamente, se aplica un 15% sobre la tarifa general, aunque los billetes deben adquirirse al menos el día anterior a la fecha del viaje. / El precio de ida y vuelta en Gran Clase es de 1.048.300 pesetas. / 5.000 pts., donde están incluidas la recogida en la recepción del hotel y la parada en la terminal correspondiente. / El precio es económico, si tienes en cuenta que incluye el traslado al aeropuerto, el seguro de viaje y el alojamiento en el hotel durante un mínimo de cinco noches. / Es un hotel de tres estrellas, situado en el corazón de la ciudad y muy próximo al Centro de Congresos. / Aproximadamente 3 horas.

RESERVAS

INTERROGATIVAS	AFIRMATIVAS
¿Puedo realizar la reserva por teléfono? / ¿La ciudad de origen sería también Madrid? / ¿Para cuándo tiene previsto el regreso? / ¿Se puede solicitar el asiento de nuestra preferencia? / ¿Para cuándo deseaba reservarlo? / ¿Para qué vuelo y a qué hora es el vuelo? / ¡Hola, Chema!, deseo reservar un billete de avión para Berlín, ¿puedes atenderme ahora? / Sí, dime, Ana, ¿para cuándo sería? / ¿Cuándo sería el regreso?	Sí, y si lo desea se lo entregamos en su domicilio, en cuyo caso tendría que abonar aproximadamente 900 pts. en concepto de envío. / Sí. / Para el 23 de junio. / Siempre que haya disponibilidad, por supuesto que sí. / Para mañana por la mañana, a las 8. / Es el vuelo HI-3456, de las 9:30 h. / El 20 de mayo.

CAMBIOS Y ANULACIONES

INTERROGATIVAS	AFIRMATIVAS
¿Se admite algún cambio? / Y sobre los billetes individuales, ¿son las mismas condiciones?	No, pero sí la anulación total de los billetes. / No, puede anular su billete hasta 5 minutos antes de la salida del tren, con el 15% de los gastos, y si lo desea, puede cambiarlo para otro día con el 10% de descuento.

PROYECTO 2: Información y compra/venta por teléfono

Ver transcripción de pág. 91.

PROYECTO 3: Atención de las reclamaciones de los clientes

1. OBJECIÓN: 2, 4, 6, 8.
    QUEJA: 3, 5, 8, 10.
    RECLAMACIÓN: 1, 7, 9.

2. Interés o deseo de solucionar el problema: 3, 8, 9, 10, 11.
    Comprensión hacia las razones del/de la cliente/a: 1, 4, 7.
    Garantías de estudio del caso: 5, 7, 10, 12.
    Manifestación de pesar por los hechos: 2, 15.
    Desacuerdo: 4, 6, 13, 14.

claves

3. A: Aceptación parcial.
B: Denegación total.
C: Aceptación total.

ADMISIÓN Sí, le comunico que ha sido admitida en su totalidad. / Sí, le comunico que ha sido admitido el reembolso de la cantidad abonada por el envío, como se especifica en el contrato, pero lamentablemente no podemos aceptar su reclamación sobre el pago de los gastos de alquiler de los equipos, ya que consideramos que está fuera de nuestras obligaciones, al no comunicarnos su decisión.

RECHAZO Sí, tenemos que comunicarle que, sintiéndolo mucho, no podemos aceptar su reclamación.

ACUERDO Creo que es una solución perfecta. Para nosotros el tema está terminado.

DESACUERDO No puedo estar de acuerdo con esa decisión, y si su política es hacer promesas que luego no pueden cumplir, no contarán más con nuestra confianza y nos veremos obligados a prescindir de sus servicios. / No puedo aceptar eso de ningún modo. Nosotros les confiamos a ustedes el envío del material y fueron ustedes los que nos garantizaron que lo recibiríamos en 48 horas. Les invito a que asuman ustedes sus compromisos y no intenten hacer responsables de sus errores a empresas que no vienen al caso, o nos obligarán a tomar las medidas legales pertinentes.